100문 100답

자녀의 주의력결핍 과잉행동장애 (ADHD)

뉴욕대학의료원
Ruth D. Nass, MD
Fern Leventhal, PhD 지음

상계백병원 정신과
조아라 · 강일선 옮김

圖書出版 하나醫學社

100 Questions & Answers About
Your Child's Attention Deficit Hyperactivity Disorder

by Ruth D. Nass, MD & Fern Leventhal, PhD

ORIGINAL ENGLISH LANGUAGE EDITION PUBLISHED BY
Jones and Bartlett Publishers, Inc.
40 Tall Pine Drive
Sudbury, MA 01776

100문 100답을 내면서

'병은 널리 알려라' 란 옛말이 있다. 병을 알려 사람들의 조언도 듣고 빨리 치료 받을 수 있게 하라는 뜻이다. 반대로 병을 숨기다 보면 치료 받을 수 있는 기회를 놓쳐 안 좋은 결과를 초래할 수 있다는 의미도 내포되어 있다. 이 말의 뜻을 백번 이해하면서도 남들에게 쉽게 알릴 수 없는 것이 정신질환이다.

정신질환은 질병 자체의 고통도 적지 않지만, 아직 곱지 않은 주위의 시선 때문에 당사자들을 더욱 힘들게 만든다. 정신질환을 바라보는 부정적인 사회의 시선 때문에 정신질환으로 고통 받는 많은 분들은 노출을 꺼릴 수밖에 없다. 자의 반 타의 반으로 사회의 음지에 머무르게 된다. 어두움에 머무르는 것은 정신질환에 걸린 환자만이 아니다. 정신질환에 대한 지식 또한 공개적으로 토의되고 교환되는 경우가 많지 않다.

이번에 출간하는 정신질환에 대한 100문 100답 시리즈의 가장 큰 의미는 정신질환에 대한 전문적인 지식과 정보를 누구나 쉽게 접근할 수 있게 해준 점에 있다. 이번 시리즈에서는, 가장 발생 빈도가 높은 정신병인 정신분열병과 양극성 장애(조울증), 소위 현대를 특징짓는 시대의 병이라고 불리는 불안장애 및 공황장애와 섭식장애 그리고 소아와 청소년 질환의 대표적 질병인 주의력 결핍 과잉 행동 장애(ADHD), 여섯 질환에 대한 전문적인 지식과 정보를 담았다. 미국의 각 질환 전문의학자들이 저술한 만큼 내용이 광범위하면서도 충실하다. 그러면서도 어렵지 않게 기술되었다. 번역 또한 각 질병의 전문적인 지식을 가진 정신과 교수와 임상심리 교수에 의해 번역되었다.

100문 100답 시리즈가 일차적으로 정신질환으로 고통 받는 분들과 특히 그 가족들에게 도움이 되기를 바란다. 구체적으로 알기 어려웠던 치료와 관련된 세밀한 지식과 정보–사실 진료실에서 이런 부분들을 자세하게 모두 설명하는 것은 결코 쉬운 일이 아니다–들이 그들에게 많은 도움이 되기를 바란다. 또 각 환자들이 앞으로 자신의 질병을 치료해 나갈 때 좋은 길잡이 역할을 할 수 있기를 바란다. 100문 100답 시리즈는 정신질환에 대한 지식과 정보를 누구나 이해하기 쉽게 저술되었다. 이 시리즈를 통해 정신질환에 대한 일반 대중의 이해 또한 높아지길 기대한다. 그래서 사회 전체가 정신질환을 따뜻하게 바라볼 수 있기를 소망해 본다.

2009년 10월

북한산과 도봉산 그리고 수락산과 불암산에 깃드는 가을을 바라보며

인제대학교 상계백병원 정신과학교실 주임교수 최영민

차 례

제3부 : 약물과 ADHD *67*

추천의 글

주의력 결핍 장애(Attention Deficit Disorder; 이하 ADD)와 주의력결핍 과잉행동장애(Attention Deficit Hyperactivity Disorder; 이하 ADHD)는 1980년대에 주의력 문제, 과잉 행동이 동반된 충동성 혹은 과잉 행동이 부재한 충동성 문제를 가진 아이들에 대한 공식적인 진단명으로 자리잡았습니다. 1960년대에는 이러한 행동 문제들을 미소뇌기능 장애(minimal brain dysfunction)라 불렀습니다. 1980년대에 이렇게 진단이 변화된 것은 그 동안 이 장애에 대한 관심과 논쟁이 얼마나 많았는지를 보여줍니다. 1970년대 연구자들과 임상가들이 백일몽과 매우 충동적이고 과잉 행동적인 모습들 사이에 관련성이 있다는 것을 발견하면서 진단에 있어서의 핵심이 변화하기 시작했습니다. 곧 ADHD는 널리 연구되었고 치료법도 광범위하게 논의되었습니다.

ADHD의 진단과 치료에 대한 논의는 뉴스에서도 앞다퉈 다루어졌습니다. 부모들은 수많은 정보들에 압도되었지만 정작 결정을 내려야 할 사항에 대해서는 어찌할 바를 모르게 되기 쉽습니다. ADD와 ADHD는 아동기와 청소년기에 있어 심각한 장애이며 만약 치료되지 않은 채 지속된다면 아이의 학업, 사회 생활, 그리고 직업 생활에 나쁜 영향을 미칠 수 있습니다. Ruth Nass 박사와 Fern Leventhal 박사는 주의력이나 행동 문제가 있는 아이와 그들의 부모가 맞닥뜨리게 되는 의학적, 교육적, 사회적 이슈들을 명쾌하게 집어내었습니다. 이 책은 부모들이 자녀를 돕는데 필요한 기본적인 지식과 유용한 식견들을 담고 있는 반가운 저작입니다.

Nass 박사와 Leventhal 박사는 십여 년 이상 뉴욕 대학 병원에서 한 팀으로서 ADD, ADHD가 있는 아이들을 평가해 왔습니다. 소아 신경과 의사인 Ruth Nass 박사는 초기 면담을 시행하고 잠정적인 진단을 내리고 필요한 경우 약물 치료를 합니다. 소아 신경심리학자인 Fern Leventhal 박사는 ADD와 ADHD가 있는 아이들에게서 흔하게 일어나는 다른 공존 문제들이 있는지를 검토하고 상대적인 강점과 약점을 파악하면서 평가를 합니다. 이 책에는 이들의 이러한 개별적인 진단적, 임상적 전문성이 함께 담겨있습니다. Nass 박사와 Leventhal 박사는 부모들을 위해 분명하고 직접적이며 공감적으로 정보를 전달하는데 뛰어납니다. 따라서 이 책이 ADHD가 있는 자녀를 둔 가족들에게 큰 도움을 주리라 생각합니다. 부모들이 꼭 물어봐야 하는 문제라고 생각조차 못했던 의문들에 대해서도 해답을 제공해 줄 것입니다.

Harold S. Koplewicz, M.D.

뉴욕 의과 대학 소아 청소년 정신과 교수
뉴욕 의과 대학 아동 연구 센터 설립자 및 책임자

서 문

환자들이 우리 진료실에서 속 시원하게 해결하지 못했던 수 많은 궁금증들을 풀어주기 위해 우리는 이 책을 썼습니다. 부모들은 할 말이 끝이 없고 궁금한 것도 태산 같지만 그들의 요구를 충족시켜줄 시간이 때로는 충분치 않습니다. 또한 부모들은 자녀가 받은 진단이 너무 당혹스러워 제대로 질문조차 못하고 진료실을 나가곤 합니다. 또 어떤 부모들은 단순히 넘겨 버려야 하거나 추가적 설명이 필요한 잡지 기사를 우연히 읽거나 미디어 속의 불완전한 정보들을 듣기도 합니다. 이런 경우 정확한 정보를 통해 오해를 없애고 불필요한 걱정거리들을 덜어줄 필요가 있습니다. 이 책은 부모들이 여러 정보를 빠르게 이용할 수 있도록 해줄 것입니다.

우리가 ADHD에 대해 가지고 있는 여러 의문들에 대한 해답을 찾을 수 있게 도움을 준 것은 우리의 환자들, 바로 부모들과 아이들입니다. 그들의 고통을 이해하기 위해 노력하면서 우리는 ADHD에 대한 지식을 넓힐 수 있었습니다. 이 책을 통해 독자 여러분 역시 자신의 의식과 지식, 그리고 여러분의 아이들에게 무엇이 일어나고 있는지에 대해 이해 할 수 있기를 바랍니다.

우리 둘 모두에게 있어 세상과 우리 자신에 대해 많은 것을 가르쳐 주는 자녀가 있다는 것은 큰 축복이었습니다. 여러분들 역시 무엇보다 여러분의 자녀들에게 귀 기울이기를 진심으로 바랍니다. 이를 통해 그들이 ADHD에 대해, 그리고 ADHD가 아이들과 가족에게 미치는 영향에 대해 가르쳐 주는 것을 배워가며 가장 좋은 지지자로서 자녀들과 동행할 수 있기를 기원합니다.

Fern Leventhal

Ruth Nass

2004년 6월

제 1 부

기본적인 것

- 주의력결핍 과잉행동장애란 무엇인가요?
- 아이들은 ADHD를 이겨낼 수 있나요?
- ADHD는 대뇌의 어느 부위와 관련이 있는 건가요?

그 외…

Q1 주의력결핍 과잉행동장애(ADHD)란 무엇인가요?

주의력결핍 과잉행동장애(이하 ADHD)란 아이가 과잉행동적이고 충동적이며 나이에 맞지 않는 부주의한 행동을 하는 장애입니다. ADHD는 대뇌에서 일어나는 비전형적인 화학적 불균형의 결과이며 이는 ADHD가 정서적 문제가 아닌 신체적 문제의 일종임을 의미합니다. 외부적 요인들 즉 잘못된 양육, 혼란스런 가정환경, 이혼, 혹은 학교에서의 스트레스들은 증상이 어떻게 드러나는지에 영향을 줄 수는 있으나, ADHD의 직접적 원인이 되지는 않습니다. ADHD를 진단 내리기 위해서는(정신 장애의 진단 및 통계 편람, 제 4판 교정판 [DSM-IV-TR]에 따르면) 부주의, 과잉행동 혹은 충동성으로 인한 문제들이 적어도 두 가지 환경하에서(가정, 학교 혹은 사회적 상황) 아이의 기능을 방해해야만 합니다. 그리고 적어도 몇몇의 증상들은 7세 이전에 발생되어야만 합니다.

Q2 ADHD는 얼마나 흔한가요?

ADHD는 꽤 빈번하게 나타납니다. 대략 학령기 아동의 3~5%로 추정되는데, 몇몇 연구에서는 4~8% 가량이라고 하기도 하며 심지어 아이들 중 10~18%가 ADHD라고 주장하기도 합니다. 따라서 약 2백 만 명에서 천 3백만 명의 미국 아이들이 ADHD인 셈이지요. 다시 말해 평균적으로 각 학급당 적어도 한 명의 아이가 ADHD인 것입니다. 2001년도에는 약 천만 개의 의료 이용 건수가 ADHD로 인한 것이었습니다.

ADHD인 아이의 60% 정도는 증상이 성인기까지 지속됩니다. 이는 미국 성인들의 약 4%, 대략 8백 만 명이 ADHD란 것을 의미합니다. 그러나 ADHD는 행동장애이며 더욱이 생물학적 지표가 아직 뚜렷하게 밝혀지지 않았기 때문에 유병률을 추정하는 데는 여러 요인들에 영향을 받을 수 있습니다.

유병률 추정치에 가장 분명하게 영향을 주는 것은 진단을 내리는 방식입니다. 현재의 DSM-IV-TR은 과잉행동-충동성과 부주의 하위 유형 모두를 포함하는 진단 기준을 적용합니다. 따라서 과잉행동에 보다 초점을 두었던 이전의 DSM 기준들에 비해서 ADHD 진단 비율을 더 높이는 결과를 낳았습니다. 즉, 과잉행동이 ADHD의 필수 증상으로 들어가지 않으면, 진단의 빈도는 증가되게 됩니다. 진단 기준이 느슨해질수록 더 많은 수의 사례가 진단에 포함되게 됩니다.

ADHD의 유병률은 또한 진단을 내리기 위한 정보를 누가 제공했느냐에 따라 달라집니다: 부모, 교사, 아이, 혹은 의사 모두 그들만의 고유한 관점들을 가지고 정보를 보고합니다. 교사들은 구체적인 학업적, 행동적 기대 수준이 존재하는 '교실'이라는 렌즈를 통해 아이들을 파악하게 됩니다. 아이들로 가득 찬 학급에서 한 아이의 소란스러운 행동은 곧바로 눈에 뜨입니다. 반면에 아이들로 북적거리는 큰 교실에서 교사들은 산만하지만 조용한 아이를 알아채기가 쉽지 않습니다. 특히 청소년들은 그들의 증상을 불충분하게 보고하거나 과소 평가하기 일쑤이지요. 부모들은 매일 매일의 일상을 통해서 자녀들의 행동을 관찰합니다. 부모들의 견해는 장기적일 뿐 아니라 깊이가 있습니다. 하지만 한편으로 수년 동안 익숙해진 증상들은 과소 평가하곤 합니다. 반면에 '집중적인 일상'의 렌즈 때문에 부모들은 다른 사람들은 잘 눈치채지 못하는 문제들에 대해서도 아주 예민하게 지각하기도 합니다. 의사들은 아이들을 매우 인위적인 장면에서 만나게 되는데 이런 상황에서 아이들은 관심의 초점이 되고 얌전하게 굴기도 합니다. 반대로 몇몇 아이들은 병원에 오는 것 자체에 대해 스트레스를 받고 눈에 보이는 뭐든 만지거나 집어 들고 진료실을 돌아다니며 마치 ADHD 증상 같은 모습을 보이기도 합니다.

학교에서 문제가 있는 아동들에 대해 부모와 교사, 그리고 의사들에게 그들이 ADHD인지 아닌지를 평가하도록 한 연구에서 이러한 다양한 시각 차로 인한 문제들이 뚜렷이 드러났습니다. 연구 결과 대략 10% 가량이 만장일치로 '있다' 라고 평가하였고 30% 가량이 만장 일치로 '없다' 라고 대답하였습니다. 부모, 교사 그리고 의사들은 약 2/3 가량의 아이들에 대한 진단에 있어 일치하지 않은 셈이지요.

부모, 교사 그리고 아이 간의 의견 일치 정도를 평가하기 위해 설문지를 사용한 연구들에서는 평가자간 일관성이 훨씬 높은 것으로 나타났습니다. 그러나 설문지 특징이 의견 일치 정도에 영향을 주곤 합니다. 간략한 설문지를 통해서는 ADHD를 덜 진단하게 되는데 왜냐하면 이러한 설문들은 주로 과잉 행동을 강조하게 되고 그로 인해 부주의한 아이들을 놓치게 되기 때문이지요. 주의력이 요구되는 다양한 상황들에 대한 평가를 포함한 보다 긴 설문지들은 평가자간 일치도가 훨씬 높고 진단 도구로 더 신뢰가 높은 편입니다.

평가 당시의 아이의 나이 역시 중요합니다. 나이가 어린 아이일수록 훨씬 더 전형적인 증상과 과잉 행동을 많이 보입니다. 따라서 부주의하지만 과잉 행동은 보이지 않는 나이 많은 아이들보다는 어린 아이들에게서 진단이 더 빈번하게 내려지는 경향이 있습니다.

ADHD는 문화권에 따라 다른 유병률을 보이는 것 같습니다. 일례를 들자면 ADHD는 영국보다는 미국에서 더욱 많이 나타납니다. 영국의 대규모 연구에서 **과잉운동**장애(hyperkinetic disorder)의 유병률은 1.4%에 불과했습니다. 일본에서 DSM의 지난 버전(진단에 있어 과잉 행동을 보다 강조했던)을 바탕으로 진단을 내린 한 연구에서는 전체 인구 중 약 8% 가량의 아동이 ADHD 진단을 충족시키는 것으로 나타났습니다. 남미 국가인 콜롬비아, 베네수엘라에서 ADHD의 유병률은 약 7%에서 11%에 이르렀고, 독일에서는 대략 16%인 것으로 나타났습니다. 이러한 차이는 각각의 문화와 각각의 진단 기준 사이에서(혹은 둘다) 진단 내리는데 각기 역치가 다르다는 것을 반영해 줍니다. 예를들어 영국에서 과잉 행동은 미국에서 보다 진단에 있어 훨씬 더 중요한 증상입니다. 유병률에 있어서의 차이는 또한 다른 집단에 비해 특정 인구 집단에서 ADHD 유전자가 더 많은 것과 같이 이들 국가에서 **유전자 풀**이 각기 다름을 반영합니다.

> ***과잉운동(Hyperkinetic) :***
> 과잉행동 (hyperactivity)의 영국식 용어.
>
> ***유전자 풀(gene pool) :***
> 각 장애에 대한 유전자들로서 특정 인구 집단에서 보다 흔하거나 덜함.

Q3 *ADHD 중에도 다른 유형들이 있나요?*

그렇습니다. DSM-IV-TR에는 ADHD의 3가지 하위유형이 분류되어 있습니다(표 1). 어떤 아이들은 주로 과잉행동–충동 우세형의 증상들을 보이는데 이 하위 유형의 기준을 충족시키기 위해서는 아이가 6가지 이상의 다음 증상을 보여야만 합니다(가만히 있지 못하고, 자주 방해를 하고, 말이 많은 것을 포함; 주요 증상들에 대한 항목은 표 2를 참고). 두 번째 유형은 부주의함을 강조하는데 이 유형으로 진단 내려지는 경우 아이들은 지시를 따르는데 어려움이 있고 세부 사항에 주의 집중을 못하고 일상적인 활동을 잊어 버리고 쉽게 주의가 분산됩니다. 세 번째 유형인 복합형의 경우 6가지 이상의 부주의 증상과 6가지 이상의 과잉행동–충동 증상을 보여야 합니다.

표1. DSM-IR-TR 에서의 ADHD 하위 유형

ADHD 하위 유형	각 하위 유형 분류법
1. 주의력결핍 우세형	부주의 증상이 6개 이상
2. 과잉행동–충동 우세형	과잉행동–충동 증상이 6개 이상
3. 복합형	부주의 증상 6개 이상과 과잉행동–충동 증상 6개 이상

정의: 증상과 기능 손상이 6개월 이상 지속되어야 한다.

표2. DSM-IV-TR에서 ADHD의 주요 증상

부주의

· 흔히 세부적인 면에 대해 면밀한 주의를 기울이지 못하거나, 학업, 작업 또는 다른 활동에서 부주의한 실수를 저지른다.
· 흔히 일을 하거나 놀이를 할 때 지속적으로 주의를 집중할 수 없다.
· 흔히 다른 사람이 직접 말을 할 때 경청하지 않는 것으로 보인다.
· 흔히 지시를 완수 하지 못하고 학업 등의 임무를 수행하지 못한다.
· 흔히 과업과 활동을 체계화하지 못한다.
· 흔히 지속적인 정신적 노력을 요구하는 과업을 하기를 피하고, 싫어하고 저항한다.
· 흔히 활동하거나 숙제 하는데 필요한 물건들을 잃어 버린다.
· 흔히 외부의 자극에 의해 쉽게 산만해진다.
· 흔히 일상적인 활동을 잊어버린다.

과잉행동

· 흔히 손발을 가만두지 못하거나 의자에 앉아서도 몸을 옴죽거린다.
· 흔히 앉아 있도록 요구되는 교실이나 부적절한 상황에서 자리를 떠난다. 청소년 또는 성인에서는 주관적인 좌불안석으로 제한된다.
· 흔히 부적절한 상황에서 지나치게 뛰어다니거나 기어 오른다. 청소년 또는 성인에서는 주관적인 좌불안석으로 제한된다.
· 흔히 조용히 여가 활동에 참여하거나 놀지 못한다.
· 흔히 끊임없이 활동하거나 마치 자동차(무엇인가)에 쫓기는 것처럼 행동한다
· 흔히 지나치게 수다스럽게 말을 한다.

충동성
· 흔히 질문이 채 끝나기 전에 성급하게 대답한다.
· 흔히 차례를 기다리지 못한다.
· 흔히 다른 사람의 활동을 방해하고 간섭한다.

· 장애를 일으키는 과잉행동–충동 또는 부주의 증상이 7 세 이전에 있었다.
· 증상으로 인한 장애가 두 가지 또는 그 이상의 장면에서 존재한다(학교, 직장, 가정).
· 사회적, 학업적, 직업적 기능에 임상적으로 심각한 장해가 초래된다.
· 증상은 다른 장애의 경과 중에만 발생하지 않으며, 다른 정신 장애에 의해 잘 설명되지 않는다.

Q4 어느 연령에서 ADHD가 자주 나타나나요?

ADHD는 초등학생들에게서 가장 많이 진단 내려집니다.

ADHD는 모든 연령 대의 아동들에게 나타납니다. 1999년 ADHD로 내원한 약 8백만이 넘는 사례들 중에서 5%가 미취학 아동이었고 대략 66%가 초등학생들이었고 20% 가량이 십대 청소년들이었으며 15% 정도가 성인이었습니다. ADHD는 초등학생들에게서 가장 많이 진단 내려지지만, 어떤 아이는 더 늦은 중학교나 고등학교 때 진단을 받기도 하고 성인기 때 처음 ADHD를 진단 받는 것도 그리 드문 일은 아닙니다. 흥미롭게도 많은 부모들이 자녀에게 진단이 내려지는 그때서야 자기 아이가 ADHD라는 것을 처음 인지하곤 합니다. ADHD는 수년 전까지만 해도 자주 진단이 내려지지 않았기 때문에 많은 아이들이 ADHD 인지도 모른 채 학창시절을 보내왔습니다. 이로 인해 부모들은 자기가 겪었던 유사한 어려움을 자녀들이 겪는 걸 보면서 자신의 지난 시절을 돌이키며 이야기하게 되고, 그 당시에는 진단 받지 않았던 ADHD를 확인하게 됩니다.

ADHD는 때때로 미취학 아이들에게 진단 내려지기도 합니다. 진단이 내려지는 연령대와 달리 실제 발병 정점 연령은 3세에서 4세 사이로 보여집니다. 당연히 증상의 심각도는 ADHD가 처음 인식된 연령과 관련이 있습니다. 증상이 심하거나 그 영향을 다루기 어려운 아이들이 더 어린 나이에 진단을 받게 됩니다.

Q5 아이들은 ADHD를 이겨낼 수 있나요?

실제로 많은 아이들이 ADHD로부터 벗어납니다. 그러나 최근 연구에 따르면 아이들의 50~70%에서는 일부 ADHD 증상이 청소년기까지 지속되며 50% 가량은 성인기까지 지속된다고 합니다. 하지만 지속되는 경우라도 많은 증상들이 청소년기 동안 줄어들며 대개 성인기에 이르면 더욱 감소하게 됩니다. 생물학적인 관점에서 볼 때 이러한 증상의 감소는 청소년기와 그 이후에 걸쳐서 지속되는 대뇌의 성숙 과정으로 인한 것으로 생각됩니다.

Q6 어떤 유전자가 ADHD와 관련이 있나요?

호르몬, 신체와 대뇌 화학 물질의 생성을 포함하여 우리 신체의 많은 기능들이 특정 유전자에 의해 통제된다는 것을 알고 있을 것입니다. DNA 분자들이 세포가 어떻게 발달되고 작용할지를 결정합니다. 그러나 이것이 실제로 어떻게 이루어지는지 잘 몰랐을 것입니다. 사실 과학자들조차 꽤 최근까지는 잘 알지 못했습니다. 인간 게놈 지도의 작성을 위한 노력으로 몇몇 유전자들이 어떤 기능을 하는지 밝혀내게 되었지요. 하지만 과학자들이 아직 밝혀내지 못한 여러 방식들로 수 많은 유전자들이 신체 조직에 영향을 미치고 있습니다. 신체 기관과 조직들이 적절히 기능하기 위해서(ADHD나 다른 많은 질병의 경우에서는 부적절하게 기능하는데 있어서겠지만) 여러 유전자들이 복잡한 상호 작용 하에 관련되어 있는 것으로 연구들에서 밝혀지고 있습니다.

ADHD에 대한 유전 연구들은 주로 **신경전달물질**인 도파민(dopamine; 문항 50번에서 논의될 것임)을 통제하는 것과 관련 있는 유전자들에 중점을 두고 있습니다. 도파민을 증가시키는 약물이 ADHD 치료에 효과적이기 때문이지요. 또한 ADHD인 사람들에게서 도파민이 많은 전두 선조(frontal and striatal) 영역에 이상이 있음이 뇌 영상 연구에서 밝혀지고 있습니다. ADHD 연구를 위한 동물 실험에서도 특정 유전자를 결여되게 한 쥐, 즉 도파민을 증가시키는데 있어 결정적인 유전자를 없앤 쥐들은 과잉행동을 보였고 각성제 치료에 반응을 보이지 않았습니다. 쥐의 도파민은 어떤 방식으로도 증가되지 않았고 과잉 행동을 지속적으로 보였습니다.

***신경전달물질* (neurotransmitters) :** 대뇌의 신경 세포에서 또 다른 세포로 정보를 전달함으로 뉴런이 또 다른 뉴런과 신호를 주고 받게 해 주는 화학 물질. 도파민(dopamine), 노르에피네프린(norepinephrine), 세로토닌(serotonin)이 ADHD와 관련 있는 신경전달 물질임.

***도파민 운반체* (Dopamine transporter DAT) :** 시냅스 사이에서의 도파민 양의 수준을 낮추기 위해 시냅스 전 뉴런으로 도파민을 재 운반하는 효소.

현재까지 알려진 바로는 ADHD와 관련이 가장 높다고 생각되는 유전자들은 모두 도파민 조절 기능을 담당하고 있습니다. **도파민 운반체**(DAT) 유전자가 가장 유력한 것으로 고려됩니다. 이 유전자는 시냅스 전 뉴런들에서 얼마만큼의 도파민이 재 흡수되야 하는지를 조정함으로써 시냅스에서의 도파민 양을 조절합니다. 정상집단에서는 이 도파민 운반체가 시냅스에서의 도파민 수준을 상대적으로 높게 유지되도록 기능합니다. 하지만 ADHD 집단에서는 이 도파민 운반체가 과다하게 기능하면서 시냅스에서의 도파민 수준을 낮춥니다. 각성제는 이 도파민 운반체의 기능을 억제시키고 그 결과 더 많은 양의 도파민이 시냅스에 남아 있도록 합니다. 또 다른 가능성이 높은 원인 유전자는 시냅스 후 도파민 수용기를 조절하는 기능과 관련된 것입니다. 이들은 도파민에 대한 **수용기**의 민감성에 영향을 줍니다. ADHD 아동의 시냅스 후 수용기를 활성화시키는 데에는 더 많은 도파민이 필요하게 되는거지요.

그렇다면 이러한 정보들은 ADHD 아이들을 치료하는데 있어 어떤 의미가 있는 것일까요? 우선 연구자들이 ADHD 치료에 있어 더욱 효과적인 약을 개발하는데 도움을 줍니다. 그들은 신경전달물질의 문제라는 원인을 목표로 두고 연구를 할 수 있습니다. 둘째로 연구자들은 ADHD와 같은 장애에 있어 유전자 이상을 고치는 소위 **유전자 요법**이라고 하는 치료법을 위해 지속적인 노력을 기울일 수 있게 되었습니다. 이러한 치료법들은 아직 실효가 있기까지는 멀었지만 그럼에도 불구하고 연구자들에게는 유망한 분야입니다.

> ***수용기(receptor site) :*** 신경전달물질을 묶어두거나 또는 약물이 작용하는 뉴런의 부위. 일부 약물들은 수용기의 수나 민감성을 증가 혹은 감소시킬 수 있음.
>
> ***유전자 요법(Gene therapy) :*** ADHD와 같은 장애의 유전자적 이상을 고치는 치료법.

Q7 ADHD는 대뇌의 어느 부위와 관련이 있는 건가요?

ADHD 아이에 대한 연구에서 가장 중요하게 자주 거론되는 대뇌 구조는 전두엽, **선조체**(특히 **미상핵**), 그리고 이 둘을 잇는 **전두엽-선조체 회로**입니다. 최근에는 **소뇌** 또한 ADHD에 중요한 기능을 하는 것으로 밝혀졌습니다(그림 1).

> ***선조체(Striatum) :*** 대뇌 깊숙이 연결된 여러 구조/핵들로 이루어진 기저핵의 일부분으로 주로 미상핵과 피각(putamen)을 일컬음.
>
> ***미상핵(Caudate) :*** ADHD와 가장 관련이 높은 것으로 보여지는 기저핵 내에 위치한 핵들 중의 하나. 도파민이 풍부하며 ADHD 아이에게서는 약 5% 가량 크기가 작음.
>
> ***전두엽-선조체 회로 (Frontostriatal Circuitry) :*** 전두엽과 기저핵 사이의 연결 경로로 대뇌 깊숙이 위치해 있음.
>
> ***소뇌(Cerebellum) :*** 후뇌에 포함된 대뇌 구조 중 하나로 평형 감각과 협응 기능을 담당. ADHD 를 포함한 인지 및 행동 장애에서 소뇌의 역할들이 최근에 밝혀지기 시작함.

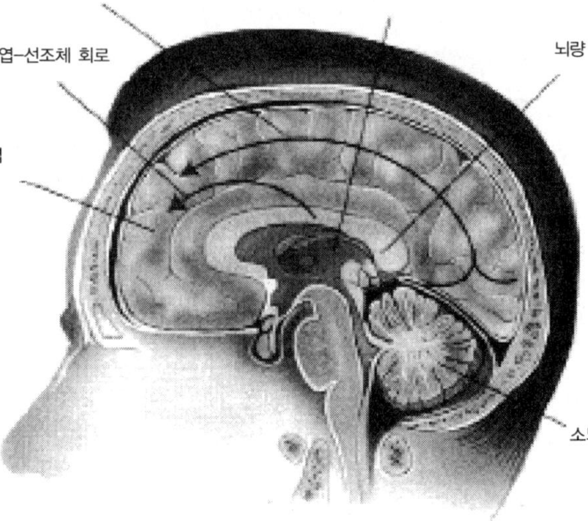

그림 1. 전두엽, 선조체, 소뇌와 이들을 연결하는 회로들이 주의력에 있어 중요한 대뇌 부위임.

전두엽(Frontal lobe) :
계획, 조직화, 시행, 지속, 충동적 행동의 억제를 담당하고 있는 대뇌의 앞쪽 부위

두정엽(Parietal lobe) :
감각 기능을 담당 하고 또한 시각이나 청각과 같은 여러 개의 대뇌 기능을 동시에 연합하는 역할을 하는 대뇌의 중간 부위.

측두엽(Temporal lobe) :
기억과 언어 이해를 담당하는 대뇌의 아래쪽 부위.

후두엽(Occipital lobe) :
시각 기능을 담당하는 대뇌의 뒤쪽 부위.

여러분이 신경과 의사는 아니기 때문에 상세한 이야기는 아마 필요가 없을 듯 합니다. 따라서 여기서는 대략적인 대뇌 구조와 그 기능에 대해서만 살펴보겠습니다. 우리의 대뇌는 4개의 엽(lobe) 즉, **전두엽, 두정엽, 측두엽** 그리고 **후두엽**으로 이루어져 있습니다. 대체적으로 전두엽이 **실행 기능**(계획, 조직화, 시행, 지속, 충동적 행동을 억제)을 담당합니다. 두정엽은 감각 기능과 공간 기능(특히 우측 두정엽)을 조절합니다. 측두엽은 언어 이해, 기억에 있어 중요한 역할을 하며 후두엽은 시각을 담당합니

다. 좌측 전두엽은 언어와 관련된 실행 기능에 더 많은 영향을 미치며 우측 전두엽은 공간과 관련된 실행 기능과 더욱 밀접히 연관되어 있습니다(그림 2).

실행기능 (Executive functioning) : 전두엽이 담당하는 기능으로 창의적이고 추상적인 고차원적 사고를 하기 위해 주의력, 언어, 지각과 같은 기본적이며 주요한 인지적 능력을 종합하는 능력을 지칭함.

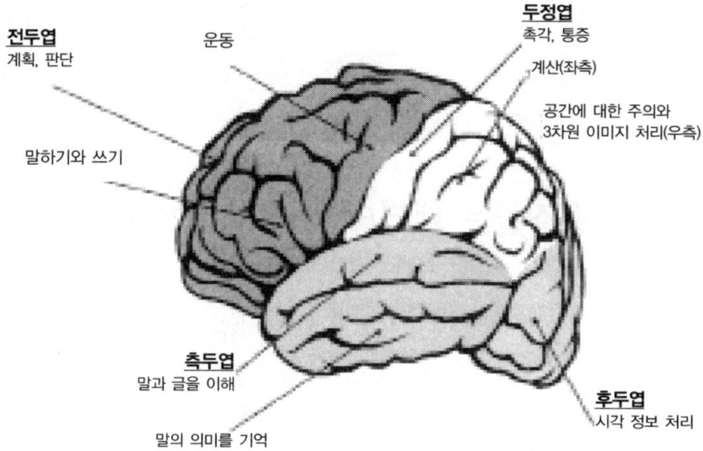

그림 2. 인간 대뇌의 여러 기능들의 영역

선조체는 대뇌 깊숙하게 위치한 여러 구조들로 이루어져 있고 그 중 미상핵이 ADHD에 있어 가장 중요합니다. 정상 집단에서는 이 선조체에 도파민이 풍부한 것으로 알려져 있습니다. 선조체 내의 몇몇 대뇌 구조들은 운동 기능에 매우 중요한 역할을 하는데, 파킨슨 병과 같은 운동 장애의 경우 이 선조체의 일부에서 도파민이 부족한 것으로 나타났고 이로 인해 떨림이나 느린 움직임 등이 나타나게 됩니다. 또한 이 선조체의 일부분들은 틱 장애와도 관련이 있는 것으로 알려져 있습니다(문항 39와 40번에서 논의될 것임).

전두엽–선조체 회로는 전두엽과 선조체 일부 영역 사이의 연결로 이루어진 것입니다. 뇌 세포들이 이들 구조를 연결하며 신경전달물질을 통해 세포 사이에 전달된 정보들에 의해 이 연결이 유지됩니다.

끝으로 소뇌는 후뇌의 일부로 협응 기능을 통제하는 것으로 알려져 있습니다. 그러나 최근의 연구들은 소뇌가 언어나 주의력과 같은 인지 능력에 있어서도 중요한 역할을 한다고 합니다. 소뇌–선조체 회로 또한 ADHD에 있어 중요한 역할을 합니다.

Q8 신경전달물질들은 대뇌의 어느 부위에서 영향을 미치는 건가요?

시냅스(Synapse) :
두 뉴런(뇌 세포) 사이의 특수한 부위로 한 세포에서 다른 세포로 신경 전달 물질이 퍼져가는 곳.

뉴런(Neurons) :
다른 뇌 세포로부터 정보를 주고 받을 수 있는 대뇌 세포.

시냅스 전 뉴런 (Presynaptic neuron) :
신경전달물질을 방출함으로 정보를 전달.

시냅스 후 뉴런 (Postsynaptic neuron) :
신경전달물질을 통해 전달된 정보를 받음.

신경전달물질은 우리 대뇌 안의 한 세포에서 또 다른 세포로 정보를 전달해주는 화학물질입니다. 신경전달물질은 신경계 안의 두 세포(**뉴런**) 사이의 공간인 **시냅스**에서 작용합니다. 신경전달물질은 **시냅스 전 뉴런**에서 방출되어 **시냅스 후 뉴런**의 수용기에 작용합니다(그림 3). 시냅스 내의 신경전달물질의 양과 시냅스 후 뉴런의 수용기의 민감도가 시냅스 후 대뇌 세포에 대한 신경전달물질의 영향 정도를 결정하게 됩니다.

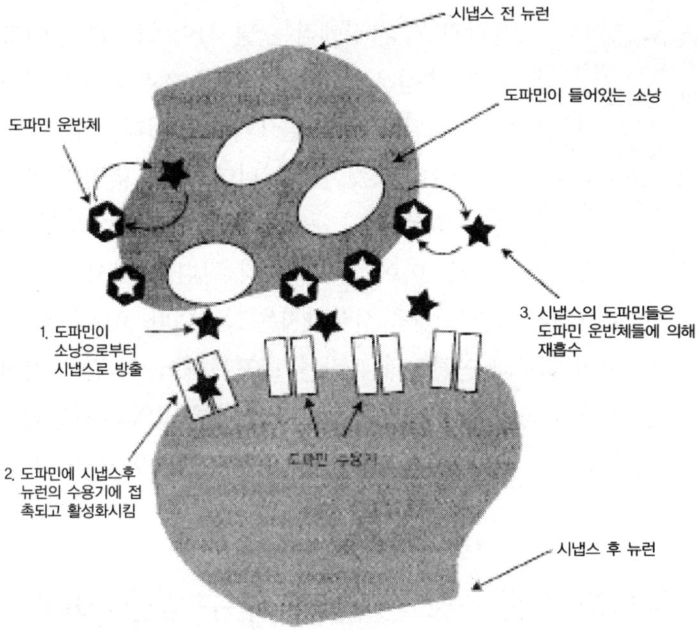

그림 3. ADHD에서의 도파민 신경전달

여러 다양한 신경전달물질이 대뇌에 작용을 합니다. ADHD와 가장 많이 관련이 있는 신경전달물질은 도파민이지만, 노르에피네프린, 세로토닌도 나름의 영향을 미칩니다. 이들 신경전달 물질의 상대적 균형이 절대적인 양만큼 중요하다 할 수 있습니다.

Q9 *ADHD가 있다는 것은 우리 아이의 뇌가 근본적으로 무언가 잘못되어 있다는 말인가요?*

ADHD가 생물학적인 문제이며 뇌와 관련된 문제이기는 합니다. 그러나 이 말이 곧 아이의 뇌에 무언가 문제가 있다는 말과 같은 의미는 아닙니다.

뇌량(Corpus callosum) : 좌, 우 반구 사이에 위치하여 양반구 사이의 정보를 전달해 주는 역할을 담당하는 대뇌 구조. 최근에 ADHD에서 뇌량의 영향이 제기되었는데 왜냐하면 ADHD 아이가 정상 아이들에 비해 약 5% 정도 뇌량 크기가 작은 것으로 나타남.

손상과 기능 장애라는 말 사이에는 큰 차이가 있습니다. 손상은 '하드웨어' 혹은 기본적인 대뇌의 구조와 관련된 문제를 일으키게 됩니다. 이는 ADHD에서 나타나는 것이 아닙니다. 물론 몇몇의 연구 결과들이 일부 대뇌 구조들 특히 미상핵, **뇌량**, 소뇌가 ADHD 아이들에게서 더 작다고 제시하기는 하나, 근본적인 손상 자체가 있다는 것을 시사하지는 않습니다. ADHD의 주요 문제는 뇌 안에서의 회로와 연결망과 관련된 '소프트웨어' 와 같은 것이지요. 이러한 연결 구조 상의 문제는 개별적이든 혹은 다른 영역과 관련해서건 특정 신경전달물질의 불균형적인 양으로 인한 것일 가능성이 높습니다.

Q10 ADHD를 가진 유명 인사들을 알 수 있을까요?

ADHD가 작가, 발명가, 군 장교, 정치가, 작곡가, 운동선수, 배우들 등 모든 종류의 사람들의 삶에 영향을 미쳐왔다는 것은 확실합니다. 다음에 거론되는 이름들은 ADHD 진단을 받았을 수도 혹은 그렇지 않을 수도 있지만 확실히 ADHD나 여타의 학습 장애가 있음을 시사하는 행동들을 보여주는 사람들입니다. 예를 들어서 대니 글로버, 빌 코스비, 짐 캐리, 헨리 윙클러, 매직 존슨은 주변 사람들로부터 ADHD 증상을 가지고 있다고 평가 받은 사람들입니다. 틀에서 벗어나 새롭게 생각하는 능력을 보여준 여러 성공적인 기업가들 역시 어쩌면 ADHD에 의한 긍정적인 영향을 받은 것일 수 있습니다. 사실 동시 다발적 작업(multitasking)에 능한 사람들은 자신의 ADHD적인 면모들을 생산적인 방식으로 사용하는 것일 수 있지요. 그들은 한 가지 일에 주의를 집중하는데 있어 어려움이 있기 때문에 동시에 여러 일들을 다룰 수 있는 능력이 증진된 것입니다.

제 2 부

위험 요인들, 증상 그리고 진단

- ADHD의 원인은 무엇인가요?
- 만약 내가 ADHD라면 나의 아이도 ADHD일까요?
- 아이가 커나가면서 ADHD 증상들도 달라지나요?

그 외…

▶ 위험 요인들 ◀

Q11 ADHD의 원인은 무엇인가요?

지금까지 가장 일반적인 ADHD 원인은 **유전적 성향**(즉, ADHD는 종종 유전됩니다)입니다. 한 세대에서 다음 세대로 전해지는 비율이 0.75에서 0.91에 이릅니다. **유전율**은 환경적 요인보다 유전에 의한 ADHD의 비율을 말하는 것입니다. 그러므로 유전율 0.75는 ADHD 원인의 75%가 유전에 의한다는 것이지요. 그러나 ADHD는 다른 요인들 즉, 조산이나, 철 결핍성 빈혈, 납 중독 그리고 그 외 다른 환경적 요소들에 의해서 야기될 수 있고 악화될 수도 있습니다. 이들 요인들에 대해서는 차후 더 논의를 하겠습니다.

> ***유전적 성향 (Genetic proclivity) :*** 특정 장애가 유전자에 의해 한 세대에서 다른 세대로 전해져 유전될 가능성.
>
> ***유전율(Heritability rate) :*** ADHD 원인 중 환경적 요소들에 대비해 유전적 요인이 차지하는 비율을 반영. 유전율이 .6이라는 것은 한 개인의 ADHD 원인 중 60%가 유전적이라는 것을 의미함.

Q12 내가 ADHD라면 나의 아이도 ADHD 일까요?

아닙니다. 하지만 여러분이 ADHD가 아닐 때 보다는 그럴 가능성이 확실히 더 높습니다. 예를 들어 어린 시절 ADHD였던 아버지들의 1/3이 ADHD 자녀를 가지게 됩니다. 어머니들에게서는 그 비율이 다소 낮습니다. 때때로 어머니의 남자 형제들 즉 외삼촌들이 ADHD이기도 합니다. 이런 경우 아마 어머니들도 ADHD 유전자를 가졌을 것으로 생각되나 이들은 거의 증상을 보이지 않는 것입니다. 그럼에도 이들 어머니들은 자신의 자녀들에게 ADHD 유전자를 전해줄 수 있습니다. ADHD 유전자들을 가지고 있는 것이 분명함에도 왜 여성들은 ADHD 증상을 보일 가능성이 낮은지 아직 확실히 알 수는 없습니다. ADHD 성인에 대한 어떤 연구에서는 ADHD 부모들의 자녀들 중 43%가 ADHD 진단 기준을 충족시켰습니다. 반면에 ADHD가 아니었던 부모들의 자녀들 중에서는 단지 2%만이 기준을 만족시켰을 뿐이었습니다.

Q13 첫째 아이가 ADHD라면 둘째 아이도 ADHD가 될 가능성은 얼마나 되나요?

대략적으로 둘째 아이도 ADHD일 가능성은 첫째 아이가 ADHD였던 가능성과 거의 비슷할 것입니다. 그러나 몇몇의 부가적인 요소들이 영향을 줄 수 있습니다. ADHD는 대체로 남자 아이에게서 더 빈번하기 때문에(문항 28번에서 논의 될 것임) 둘째 아이가 남자라면 ADHD일 가능성이 더욱 커질 것입니다. 반대로 여자아이에게서 ADHD가 나타나기 위해서는 더 많은 ADHD 유전자들이 필요하다는 주장이 제시되고 있습니다. 아마도 이로 인해 여아 ADHD들이 적은 것 같은데 장애가 없는 많은 여아들도 ADHD와 관련된 유전자들을 전부는 아니지만 일부 가지고 있을 수 있습니다. 그러므로 여아 ADHD들은 훨씬 더 큰 유전적 부담을 안고 있다고 할 수 있습니다. 즉, 여아들은 ADHD를 일으키는 복합적인 유전자를 가지고 있는 반면에 같은 ADHD라도 남아들은 하나나 두 개 정도의 유전자만을 가지고 있을 수 있다는 것입니다. 그렇다면 ADHD 여아들의 형제들에게서 ADHD의 위험은 더 커지게 되지요. 왜냐하면 여아의 ADHD는 가계의 유전자 풀에 이 장애를 일으킬 수 있는 더 많은 유전자들이 존재한다는 것을 의미하기 때문입니다. 이란성 쌍둥이 모두 ADHD일 확률은 일반적인 형제들 사이에서 나타나는 것과 크게 다르지 않습니다. 하지만 일란성 쌍둥이들 중 한 아이가 ADHD라면 다른 아이 역시 거의 대부분 ADHD입니다. 그러나 한 가계 내에서 유전되고 있는 ADHD의 심각도와 유형을 예측하는 것은 쉽지 않습니다.

Q14 유전적 요인 외에 ADHD에 영향을 주는 또 다른 요인들이 있나요?

1960년대 시행된 전국적인 대규모 연구 결과 유전적 요인 외 여러 가지 요인들이 ADHD 발병에 영향을 줄 수 있는 것으로 드러났습니다. 당시 연구에 포함된 아이들에 대해 태아 때부터 7살이 될 때까지 추적 연구가 진행되었습니다. ADHD 위험 요인들에는 흡연, 음주, 약물 남용, 임신 중 빈혈, 역산(逆産), 분만 시 융모양막염, 조산, 출생시 머리 크기가 작은 것 등이 있습니다. 정신 지체의 가족력, 낮은 사회경제적 수준 역시 위험 요인 중의 하나라고 여겨집니다. 생후 1년 동안에 일어나는 **신경학적**인 문제들은 7세 때 ADHD의 발병 위험도를 2%에서 무려 50%로 증가시키게 됩니다.

유아기 때의 발달 지체와 활동량 수준이 높은 것도 7세 때의 ADHD 가능성을 예측해줍니다. 네 살 된 아이가 머리 크기가 작고 난시에 시각 운동이나 세밀한 운동, 대 근육 운동에 있어 결함이 있다면 7세가 됐을 때 ADHD일 위험성은 더욱 높아집니다.

> ***신경학적(Neurological) :***
> 뇌에 의해 통제되는 기능들을 의미.
>
> ***심리사회적(Psychosocial) :***
> 사회적 상황과 정신 건강 상호간의 영향.

가정 내의 여러 **심리사회적** 문제들 역시 ADHD의 위험요인이 됩니다. 하와이에서 이루어진 한 연구에서 가정 내 갈등이 많은 아이들에게서 ADHD 발병 위험이 200~400% 정도로 높은 것으로 나타났습니다. 스웨덴의 한 연구에서도 불만족스러운 가정 생활이 다른 어떤 의학적 문제들보다 유전적 요인 외 여러 가지 요인들이 ADHD 발병에 영향을 줄 수 있습니다.

도 ADHD에 있어 가장 우선시 되는 위험 요인이었습니다.

어느 한 위험 요인 혹은 여러 개의 위험 요인을 가지고 있다는 것은 그러한 요인들이 없는 사람에 비해 ADHD가 나타날 가능성이 높다는 것이지 ADHD가 앞으로 생길 것이라는 걸 뜻하지는 않습니다. 다양한 위험 요인들은 아마 각기 다른 영향력을 가지고 있는 것 같습니다. 몇몇 요인들은 훨씬 더 심각한 결과를 초래하기도 합니다. 위험 요인들은 단지 아이가 ADHD를 갖게 될 가능성을 변화시켜줄 뿐이라는 것을 기억하는 것이 중요합니다. 이들 위험 요인들은 확률적인 관점에서 다소간의 영향력은 미칠 수는 있으나, 이들이 ADHD를 일으키는 것은 아닙니다.

Q15 우리 아이는 ADHD를 가지고 태어난 건가요? 아니면 ADHD가 발생한 건가요?

대개의 경우 ADHD가 유전적인 장애라는 점에서 아이는 ADHD를 가지고 태어난 것입니다. 다시 말해 ADHD에 영향을 주는 유전자들이 출생 당시 이미 존재한 것입니다. 이 유전자를 가지고 태어난 아이 중 일부는 ADHD 증상이 전혀 나타나지 않기도 합니다. 또한 일부는 주의력에 조금 어려움이 있기는 하지만 일생 동안 드러나지 않은 채 지내기도 하고요. 그럼에도 불구하고 다양한 환경적 요소에 따라 시간이 흐르면서 증상이 나타나거나 변화할 수 있습니다. 주요 원인이 유전적이라 할지라도 환경적 요인들은 나름의 영향을 미칩니다. 경미한 장애를 가진 아동이라도 특정 환경적 요인들, 예를 들어 부모의 학대와 방임, 좋지 않은 생활 환경, 또는 아이를 정서적으로 힘들게 하는 다른 환경 하에서라면 극도의 부주의함이나 과잉

행동을 보일 수 있지요. ADHD 증상이 갑자기 나타났다면 이는 환경적 요인이 작용하면서 드러나게 된 것으로 이전에 이미 장애가 존재했지만 감춰져 있었을 가능성이 높습니다.

Q16 ADHD인 우리 아이는 몇 시간이고 앉아 TV를 보는데, TV시청이 ADHD를 일으킬 수 있다고 들었어요. 이게 사실인가요?

최근에 연구자들은 미취학 아동들의 매일 TV시청 시간이 1시간 증가함에 따라 ADHD 발병 위험이 약 10%씩 비례해서 증가한다고 보고하였습니다. 이런 새로운 연구 결과들은 TV가 주의의 폭을 짧게 만들 수 있다는 이전의 결과들과도 일치합니다. 추측하건대 TV가 현재 발달하고 있는 대뇌를 실제로 과도하게 자극시키고 영속적으로 구조 회로를 바꾸는 것 같습니다.

TV시청에 대해 1000여 명이 넘는 아이들을 대상으로 한 가장 최근의 연구가 있습니다. 부모들은 한 살과 세 살 때 아이의 TV시청 습관에 대해 응답을 했습니다. 그리고 일곱 살 때 ADHD 진단을 위해 흔히 사용되는 설문 척도로 아이의 행동을 평가했습니다. 약 10%가 ADHD의 진단 기준을 충족시켰는데 이는 7세 아이들에게서 일반적으로 나타나는 정도의 유병률이었지요. 그러나 매일 한 두 시간씩 TV를 시청했던 한 살 아이의 37%는 주의력 문제의 위험성이 대략 10~20% 가량 증가하였습니다. 그리고 세네 시간 매일 TV를 보았던 14%는 전혀 TV를 보지 않았던 아동들에 비해 30~40% 정도 위험성이 증가하였습니다. 세 살 아이들 중에서 단지 7%만이 TV를 보지 않았고 44%는 매일 한 두 시간씩 TV를 보았고 27%는 매일 서너 시간 씩 TV시청을 하였습니다. 그리고 대략 11%는 다섯에서 여섯 시간을 보았고 약 10%는 매일 7시간 이상 TV를 보는 것으로 나타났습니다. 이들 아이들 역시 ADHD 위험성이 증가하였고 그 위험도는 아이들이 얼마나 많이 TV를 보느냐와 비례하였습니다.

이 TV연구는 상당한 주목을 받았고 미국 소아과학회에서는 TV가 초기 대뇌 발달과 사회적, 정서적 인지적 능력의 발달에 영향을 준다는 염려로 2세 미만의 자녀들이 TV를 보지 못하게 하도록 부모들에게 권고하고 있습니다. 아이들이 TV를 보지 말아야 하는 이유는 그 외에도 많습니다. 예를 들어 TV 시청은 비만, 공격성과 관련이 있습니다. 따라서 TV시청이 ADHD인 자녀가 겨우 가만히 앉아 있는 몇 안 되는 때라 할지라도 제한하는 것이 바람직합니다. 부모들은 자녀들이 할만한 다른 놀이거리를 찾는데 창의성을 발휘할 필요가 있습니다. 스포츠 잡지나 만화책이라도 아이에게 책을 읽어주거나 또는 아이가 혼자 독서를 하도록 장려하는 것이 훨씬 좋은 대안입니다.

Q17 ADHD를 일으키는 다른 환경적 요인들은 무엇인가요?

환경적 요인들이 ADHD의 주요 원인은 아닐지라도 약물, 화학 물질, 혹은 질병 등에 노출되는 것은 ADHD의 위험을 높이게 됩니다. 예를 들어 철결핍성 빈혈과 갑상선 질환들이 주의의 폭과 관련된 문제들을 야기시킬 수 있습니다. 납이나 수은 같은 물질(문항 22번에서 논의될 것임)에 노출되는 것 또한 아이가 ADHD를 가질 가능성을 증가시키지요.

18 심한 머리 부상 혹은 경미한 뇌진탕이 ADHD의 원인이 될 수 있나요?

심한 외상성 머리 부상으로 인한 행동 문제들에는 화를 잘 내는 것, 피로, 충동성, 분노 통제력의 감소, 억제력 저하, 동기의 감소, 좌절 인내력의 감소, 자발성의 감소, 공격성, 주의력 감소 그리고 활동 저하 혹은 활동 증가 등이 있습니다. 이는 폐쇄성 뇌손상(closed-head injury)이 대뇌의 전두엽을 손상시킬 가능성이 높기 때문입니다. 의사는 확실히 머리를 다친 적이 있는 아이가 교실에서 어떤 주의력 양상을 보이는지 주의 깊게 그리고 무기한으로 체크를 해야만 합니다. 때로 아주 짧은 동안만 정신을 잃는 뇌진탕의 경우는 경미한 머리 부상으로 간주되어 간과하게 되지만, 그런 경우에도 아이들은 뇌진탕 후 몇 주 동안은 주의를 집중하고 이를 유지하는데 곤란을 겪을 수 있습니다. 그 영향들은 한동안이기는 하나, 일시적으로 학업에 영향을 줄 수 있지요. 이런 문제에 유의한다면 이를 최소화시킬 수 있을 겁니다.

19 조산아인 아이들은 ADHD의 발병 위험이 더 높은가요?

조산아인 아이들에게서 ADHD의 발병 빈도는 사실 꽤 높습니다. 한 연구에서 조산아로 태어난 아이들과, 사회적 수준이 비슷한 정상적으로 태어난 아이들 집단을 비교하였습니다. 아이들이 7세 때 평가를 하였는데, 일반 아동 집단이 10%였던 것에 비해 조산아 집단의 약 20%가 ADHD를 가지고 있었습니다. ADHD였던 조산아 아이들 대다수가 또한 부가적으로 **인지적**, 신경학적, 학업적 문제들(예: **난독증** 그리고 발달성 언

> ***인지적(Cognitive) :***
> 인지와 관련된 앎의 과정들. 더 정확히 말해 인식하고, 알아가고, 생각하고, 배워가고 그리고 판단하는 과정.

난독증(Dylexia) :
대뇌의 그림 기호 처리에 있어서의 결함으로 인한 읽기 장애의 한 종류.

어장애)을 가지고 있었습니다.

의료기술이 급격하게 발달하면서 조산에도 불구하고 생존하는 아이들의 숫자가 크게 증가하였습니다. 그러나 이렇듯 작게 태어난 아이들이 더 많이 생존할수록 이 아이들 대다수에게 장기간 영향을 주는 문제들이 지속된다는 증거 역시 늘어나고 있습니다. 사실 많은 경우, 특히 몹시 작은 아이들의 경우 주요한 신경학적 문제들이 나타납니다. 이들에게는 ADHD에 대한 특별한 위험성이 있는데 왜냐하면 이 아이들은 출생 시의 미성숙 때문에 전두엽-선조체 회로가 특히 손상에 취약하기 때문입니다. 조산아로 태어난 아이들은 면밀하게 발달을 관찰할 필요가 있습니다.

Q20 철 결핍성 빈혈이 있는 우리 아이는 피곤해하기 보다는 지나치게 활동적입니다. 이게 일반적인가요?

빈혈은 흔히 에너지를 감소시키는 것으로 생각되지만, 초기 아동기에는 부주의와 과잉행동을 일으키는 원인이 될 수 있습니다. 소아과 의사들은 대부분 철 결핍에 의해 일어나는 빈혈에 대해 정기적으로 상태를 체크합니다. 철분 보충을 통해서 빈혈과 부주의, 과잉 행동 모두가 꽤 빠르게 고쳐질 수 있습니다.

Q21 우리 아이가 유아였을 때 많이 있었던 귀의 염증들이 ADHD의 원인이 될 수도 있나요?

일부 연구들에서 양쪽 귀에 염증이 잦았던 아이들이 초등학교 동안 언어 점수와 읽기 점수가 더 낮고 행동 및 주의력 문제가 더 많다는 것을 발견했습니다. 연구자들은 귀의 염증으로 인해 간헐적인 청력 손상을 겪게 되는 아동들은 주의를 집중하는 것에 충분히 익숙해지지 못하게 된다고 주장했습니다. 이는 곧 귀에 염증이 잦다면 앞으로 아이의 주의력에 있어 문제가 생길 것이라는 것을 의미하는 것은 아니지만 부모와 교사들은 이 문제에 대해 주의 깊게 신경을 쓸 필요는 있습니다. 하지만 ADHD가 귀의 염증에 의해 생기는 것은 매우 가능성이 낮은 일입니다.

Q22 혈중 납 농도가 높은 것이 ADHD와 관련이 있나요?

주위의 어디에나 납이 존재하지요. 납 농도는 혈액 샘플을 통해 알 수 있습니다. 혈중 납 농도가 정상보다 높은 아이들에게서 ADHD 빈도가 더 높다는 증거가 있습니다. 납의 영향은 납에 대한 노출이 생후 3년 이내에 일어났을 때 가장 심각한 것으로 생각됩니다. 하지만 특정한 아이가 높은 혈중 납 농도에 의해 어떻게 영향을 받는지를 둘러싸고 과학적 연구에서 여러 논란이 있습니다. 다시 말해 단지 혈중 납 농도가 높은 아이들 집단이 납 농도가 낮은 아이 집단에 비해 ADHD의 빈도가 높기 때문에 높은 혈중 납 농도가 개개의 한 아이에게서 ADHD를 일으킨다고 해석할 수 있다는 것은 아닙니다. ADHD에서 납의 영향은 혈중 납 농도가 높은 아동들이 주로 몹시 가난한 집안 같은 불리한 사회적 환경을 배경으로 하기 때문에 훨씬 복잡해집니다. 연관된 다른 환경적 요인들 때문에 ADHD 위험이 이미 높기 때문이지요.

▶ 증상 ◀

Q23 ADHD의 징후와 증상들은 나이에 따라 아이들에게서 다르게 나타나나요? ADHD를 가진 미취학 아이들은 어떻게 행동하나요?

눈에 보이는 증상들은 나이와 외부의 요구들에 따라 다를 수 있습니다. 취학 전 아동들의 ADHD 징후들에는 두드러지게 과도한 활동, 과제를 지속 못하는 것, 집단 지시를 따르기가 어려움, 부족한 행동 조절 능력, 대인 관계에서의 어려움, 끝없는 호기심, 과도한 공격성 혹은 파괴적인 놀이, 바보짓, 으스대는 것 그리고 충동성이 포함됩니다. ADHD가 있는 취학 전 아동들은 잠을 못 이루거나 잠이 줄어드는 것과 같은 수면 문제를 가지기도 합니다. 또한 따지기 좋아하는 행동, 짜증내는 것도 ADHD를 가진 취학 전 아이들에게 흔하게 나타납니다. 이들은 또한 빈번히 과제와 관련 없거나 혹은 부적절한 행동을 보이며 상당히 미성숙하기도 하지요. 이러한 행동들 모두 형제나 부모와의 싸움에서부터 아이 봐주는 사람을 두기 곤란한 것에 이르기까지 가정 내 갈등의 원인이 될 수 있습니다.

Q24 아이가 커가면서 ADHD 증상들도 달라지나요?

그렇습니다. 일부 증상들은 지속되기도 하지만 ADHD의 많은 증상들이 아이가 성장함에 따라 변합니다. 예를 들어 일부 아이들에게서 과잉행동은 초등학교 이후에는 사라지기도 하지요. 그 메커니즘을 밝혀내지는 못하지만 많은 사람들은 사춘기의 호르몬 변화가 이러한 변화의 원인이라 생각하기도 합니다. 좀더 큰 아이들은 더 이상 과잉행동을 보이지 않게 되거나 이를 다른 쪽으로 돌릴 방법을 찾게 되는 듯 합니다. 내적으로 안절부절 못하는 느낌이 과잉 활동을 대신하는 것 같습니다. 사춘기 직전이나 청소년기에는 나쁜 성적, 주의를 지속하지 못하는 것, 또래 관계를 유지하는 것의 어려움, 무질서, 위험을 무릅쓴 행동들이 주요한 증상으로 나타나게 됩니다. 쓰기 과제가 점점 복잡해지고 장기간 이어지는 과제를 위해 미리미리 준비하는 것이 요구되면서 십대의 경우 ADHD는 학교에서 더 두드러지게 나타나게 되지요. 사회적으로도 여러 방식으로 수용되던 행동의 범주들이 십대 또래 집단만의 불문율에 의해 제한됩니다. ADHD에게서 흔한 정서적인 자기 통제와 대인 관계 의사 소통에서의 어려움 때문에 이들 청소년들은 또래 집단 내에서 더욱 미성숙하고 서툴러 보이게 됩니다. 충동성 때문에 이들 청소년들은 부적절하게 무심코 대답을 내뱉어버리거나 대화를 방해하게 되지요. 이들은 교실 활동을 방해하는 경우가 많고 혹은 심지어 '학급의 별종(class clown)'으로 인식되기도 합니다. 이로 인해 또래들로부터 거부 당하고 이는 ADHD 아이들에게 상당한 고통을 안겨주게 됩니다.

Q 25 일반적으로 진단을 내리는데 이용되는 것 외의 또 다른 ADHD의 증상들이 있나요?

ADHD는 DSM-IV-TR에서 정해진 진단 기준에 의해 명시된 증상들 외에 다양한 방식으로 나타날 수 있습니다. 증상은 가정이나 학교에서 사회기술의 문제로 드러나기도 합니다. 예를 들어 충동적이고 언어 및 시각적 단서에 집중하지 못하기 때문에 취학 전이나 초등학교 저학년 어린이들은 고립된 채 공격적 행동을 보이기도 합니다. 이들의 파괴적인 행동은 자주 또래나 형제들, 권위상들과 마찰을 초래하기 때문에 그러한 아이들은 학급 아이들 사이에서 금방 눈에 띄게 됩니다. 그 결과 이들은 또래들로부터 거부되는 경향이 있지요. ADHD를 가진 아이들은 뒤죽박죽에다가 무질서합니다. 부모들은 난장판인 침실, 삐죽 빼죽 과제물들이 나와있는 책가방, 나쁜 식습관 등에 대해 자주 언급합니다. 전반적인 학업의 어려움 역시 꽤 흔한 문제입니다. 아이들은 자신의 숙제를 잊어버리고, 수업을 듣지 않는 듯하고, 성적이 좋지 않습니다. 또한 이들은 계획 세우기, 과제를 시작하는 것, 한 활동에서 다른 활동으로 전환하는 것, 반응을 통제하는 것, 그리고 흥미와 의욕을 지속하는 것 전반에 걸쳐 어려움을 겪는 소위 실행 기능에 문제를 가지고 있는 것 같습니다.

Q26 청소년기 후반에 보이는 ADHD 증상들은 우리 아이를 다른 종류의 문제들에도 취약하게 만드나요?

청소년기까지 ADHD 증상이 지속되는 것은 더 많은 학업적, 행동적, 사회적 문제들과 관련되어 있습니다. 지속되는 증상을 가진 성인들은 정규 교육을 끝마치는 경우가 적고, 급여는 보통이지만 직책이 낮은 직업을 가지게 되고, 성격장애의 비율이 높다고 연구자들은 지적했습니다. ADHD가 지속되는 청소년이나 청년들 사이에서 **물질 남용**의 비율 역시 높습니다. 공존하는 품행, 반사회적 성격장애들로 인해 물질 남용의 위험도는 훨씬 증가하게 됩니다.

물질 남용(substance abuse) : 문화적 통념에 맞지 않게 해로운 영향이 있는 약물을 자가 투약 하는 것.

증상이 지속되는 아이들과 ADHD를 이겨낸 아이들을 비교한 최근 연구에서 ADHD가 지속되는 아이들의 경우 다른 관련 장애들(예: 품행 그리고 반항 장애)이 발생될 가능성이 높아지는 것으로 보고되었습니다. 이러한 관련 장애들은 청소년들과 청년들에게 더욱 뚜렷하고 문제시됩니다. 위험 추구 행동과 규칙을 어기는 행동은 부모와 자녀간의 갈등을 상당히 악화시킵니다. 청소년기 동안 증상이 완화되는 아이들을 볼 때 학업 성취를 제외하고는 직업적 성취, 사회적 기능, 약물 및 알코올 사용에 있어 ADHD가 아니었던 아이들과 비교하여 예후가 유사한 수준입니다. ADHD가 사라졌더라도 학업과 관련된 문제들은 지속적으로 영향을 받는 것 같습니다.

Q27 주의력 문제나 과잉 행동을 보이는 사람은 누구든지 ADHD를 가지고 있는 건가요?

아닙니다. ADHD에서 나타나는 것과 유사한 행동 문제들은 여러 원인에서 비롯될 수 있습니다. 대화를 이해하고 자기 생각을 표현하는 것에 어려움이 있는 언어 장애 아동들은 부주의해 보일 수 있습니다. 이들은 마치 여기저기 단어나 겨우 몇 마디 알아듣는 외국어를 듣고 있는 것과 비슷한 경험을 하고 있는 것입니다. 교사가 하는 말을 내내 알아 듣는 게 아니기 때문에 집중을 못하곤 하지요. 결론적으로 언어 문제를 가지고 있는 아이가 ADHD 또한 가지고 있는지를 판단하는 것은 때때로 어려운 일입니다. 특정 의학적 문제를 가지고 있는 일부 아동들 또한 부주의한 듯 보이기 쉽습니다. 예를 들어 갑상선 관련 문제들이 주의력 장애를 일으킬 수 있습니다. 너무 적은 갑상선 호르몬으로 인해 아이가 부주의해지기도 하고 한편으로 지나치게 많은 갑상선 호르몬이 과잉행동을 유발하기도 합니다. 간질 증세를 가지고 있는 아이들도 부주의해 보이나 이는 대개 불규칙적으로 나타나고 주로 간질 발작이 일어나는 동안 그렇게 보이곤 합니다. 수면 문제가 있는 아동들 역시 산만해 보이는데 이는 낮 동안 아이들이 매우 피곤하기 때문이지요. 정서적 어려움을 가지고 있는 아이 역시 집중을 잘 하지 못하거나 과잉활동적인 것처럼 보일 수 있습니다. 불안이나 우울이 있는 아동들은 때때로 한 곳에 정신이 팔려 있거나 주의가 산만해 보입니다. 게다가 성인과 달리 우울한 아이들은 잘 흥분하거나 부산한데 이 역시 과잉행동으로 오해 될 소지가 있습니다.

ADHD를 가진 아이들은 외부 자극에 의해 주의가 산만해지는 경향이 있습니다. 이와는 대조적으로 **강박장애**나 정신증을 가진 아이는 마음 속의 일, 되풀이 되는 생각, 과도한 걱정에 의해 산만해지는 것입니다. 하지만 무심코 본 외부 사람이라면 아이의 행동에 있어 이러한 차이를 파악할 수 없고 따라서 세밀한 평가 없이 문제의 근본 원인을 정확히 알아내는 것은 어려운 일입니다.

강박장애(Obsessive compulsive disorder) : 강박적 사고나 강박적 행동을 보이는 장애(문항38번에 부가설명 참고: 역주)

부주의와 과잉 행동은 약물의 부작용일 수도 있습니다. 이는 특히 테오필린과 스테로이드 같은 천식 치료에 사용되는 약물 일부에서 흔하게 나타납니다. 항 발작제 또한 주의 집중을 방해할 수 있습니다.

요컨대 주의력 문제와 과잉행동은 ADHD의 증상이라고 기계적으로 단정지을 수 없습니다. 따라서 이러한 행동들이 관찰된다고 해서 자녀가 ADHD라고 단정지어서는 안됩니다. 행동 문제들의 근본 원인을 알아내기 위해서는 숙련된 전문가들로부터 아이가 평가를 받아야만 하고 그 결과에 따라 실질적인 원인들이 확실해 질 수 있습니다.

Q28 성별이 아이들의 ADHD에 영향을 미치나요?

대부분의 연구 결과에서 여아보다는 남아에게서 ADHD가 더 많은 것으로 나타났습니다. 학령기 아동에서 그 비율은 대략 2~3대 1정도입니다. 미국 학령기 아이들의 ADHD 유병률을 조사한 한 연구 결과 여아에서는 3%이었던 유병률이 남아에서는 9%였습니다. 연령도 성비에 영향을 미치는 것 같습니다. 남녀 성 비율은 청소년기에 이르면 1대 1로 떨어집니다. 사실 성인을 대상으로 한 몇몇 연구들에서는 심지어 여성이 남성보다 ADHD를 더 많이 보이는 것으로 나타나기도 했습니다. 과잉 행동이 줄어들고 여아들에게서 흔히 더 많이 나타나는 ADHD 부주의 타입은 지속되게 되면서 그 비율이 동등하게 되는 것 같습니다.

그러나 이 연구 결과들은 ADHD라고 밝혀진 사례들에 한정된 것이란 걸 명심해야 합니다. 성비는 의뢰 여부에 영향을 받게 됩니다. 소아정신과 의사나 아동심리학자에게 의뢰된 아동들에서 남녀 성비는 약 3대 1에서 9대 1에 이르지만 학령기 아이를 대상으로 한 일반 지역사회 연구에서는 2대 1에 가깝습니다. 보다 심각하거나 분명히 문제가 있는 아이들이 대개 전문가들에게 의뢰되며 이들은 대부분 남아들이지요. 여아들의 경우 ADHD가 발견되지 않은 채 지나치는 경우가 남아들에 비해서 훨씬 많습니다. 이런 점에서 남아와 여아가 서로 다른 ADHD 유형을 가지는 경향이 있다는 것에 주목할 필요가 있습니다. 남아들은 과잉행동-충동 우세형이나 복합형이 더 많고 반면 여아들은 부주의 유형이 더 많은 편입니다. 일부 연구자들은 이러한 차이로 인해서 ADHD가 포착되는 정도가 달라지고 이것이 다시 유병률에 영향을 미친다고 제안하였습니다. 다시 말해 남아들은 훨씬 더 자주 진단을 받을 수 있는데 왜냐하면 남아들은 훨씬 더 시끄럽고 문제 행동들이 더 뚜렷하고 교사들이나 가족들에게 상당히 골칫거리이기 때문입니다. 여아들이 남아들에 비해서는 흔히 덜 문제가 되기는 하지만 몇몇 연구들에서는 ADHD 진단을 받은 여아들이 남아들에 비해 머리가 좋지 않고 더 많은 학업 문제를 가지고 있다고 보고되었습니다. 영리한 여아들은 문제점을 훨씬 잘 보완할 수 있고 이로 인해 이들의 ADHD가 발견되지 않은 채 지속될 가능성이 있습니다.

Q29 *내가 안 된다고 하면 우리 아이는 더 지나치게 행동하고 반항적이거나 적대적이 됩니다. 이는 ADHD를 가진 아이들에게 흔한 건가요?*

모든 ADHD 아동이 반항적이고, 적대적이고, 대드는 것은 아닙니다. 하지만 일부는 그렇습니다. 어느 정도의 반항적이고 적대적인 행동은 모든 연령대의 아이들에게서 정상적입니다. 그래도 ADHD 아이들에게 더 흔하고 더 두드러지는 문제라고 할 수 있습니다(문항 43번에서 더 논의될 것임). 이 아이들은 과제나 지시 사항을 지키지 않을 뿐더러 이를 방해하고 간섭합니다. 또한 그들은 고의로 다른 사람들을 괴롭히고 자기가 한 것에 대해 다른 사람에게 탓을 돌리기도 합니다. 사실 이들은 자신의 행동에 책임감을 갖는 것이 매우 어렵습니다. 그러나 여러분은 진짜 적대적인 아이들의 파괴적 행동과 ADHD 아이들의 부주의함과 충동성을 구분해야만 합니다. **반항 장애**인 아동에게서 보이는 특성들에는 화를 잘 못 참는 것, 논쟁적인 것, 악의에 차 있는 것 그리고 앙심을 품는 것('보복하기'), 분노와 화, 그리고 어른들의 요구를 무시하거나 거절하는 경향 등이 있습니다. 분명히 ADHD 아이들도 반항적이고 적대적인 면모를 가지고 있을 수 있지만, 이것이 이들이 사람들과 지내는 일반적인

반항 장애(Oppositional defiant disorder) :
사회적, 학업적, 직업적 기능에 있어 심각한 장해를 일으키는 부정적이고, 적대적이고 반항적인 행동들을 보이는 장애.

방식은 아닙니다. 당신의 ADHD 자녀가 계속해서 파괴적이고 따지기 좋아한다면 전문적인 상담을 통해서 자녀가 다른 **공존** 장애를 가지고 있는지 아닌지를 감별해야 합니다. 다시 말해 그러한 아이들은 동시에 생기는 두 가지 별개의 문제들을 가지고 있을 수 있습니다.

> ***공존(Comorbid) :***
> 한 개인 내에 두 개 혹은 그 이상의 장애가 존재하는 것.

▶ 진단 ◀

Q30 *ADHD를 진단 내리기 위한 정확한 평가에 있어 가장 중요한 요소들은 무엇인가요?*

ADHD에 대한 정확한 평가를 위해서는 부모를 통해 상세한 과거력을 기록하는 것, 아이에 대한 검토와 관찰, 가정 외에 제 삼자로부터의 보충 자료 등이 필요합니다. 자격 있는 의사는 당신과 자녀와의 진료 시간에 이런 진단을 마칠 수 있습니다. 진단이 아이의 과거력을 통해 명백할지라도 아마 의사는 당신이나 아이, 아이의 선생님에게 적당한 질문지들을 작성하도록 요구할 것입니다.

ADHD를 진단 내리기 위해서는 상세한 과거력이 가장 중요합니다. 여기에는 아이의 출생, 질병, 초기 언어, 동작 발달 시점, 영아기 및 유아기 그리고 학령 전기, 학습 진도와 동기, 숙제 습관, 대인 관계와 관심사, 취미와 과외 활동 등에 대한 정보가 포함됩니다. 가족의 병력이나 사회력 역시 중요합니다. 때로는 특별한 에피소드를 제공함으로써 의사가 아이의 과거와 현재 모습을 생생하게 알 수 있게 해줄 수도 있습니다.

ADHD를 진단 내리기 위해서는 상세한 과거력이 가장 중요합니다.

ADHD 진단에는 아이가 적어도 두 가지 장면에서 문제가 되는 증상들이 있어야 한다는 것이 포함되어 있습니다. 따라서 당연히 외부에서의 정보들이 필요하지요. 질문지나 혹은 직접적으로 교사를 통해 정보를 얻는 것이 유용하기는 하지만 교실 내의 행동에 대해 부모가 들었던 것에 대한 기술만으로도 종종 충분합니다. 때때로 교사가 작성한 질문지들은 진단을 내리는데 있어서뿐 아니라 질적이거나 설명적인 방식(교사-학부모 회의에서 전해 듣는 것 같은)보다는 양적으로 교사가 그들의 아이들의 주의력과 행동에 대해 어떻게 평가하고 있는지를 부모들에게 보여주는데 있어 유용합니다.

의사는 아이에 대해 좀 더 완전한 모습을 이해하려 애쓸 것입니다. 여기에는 신체 검사, 학교나 외부 관심사에 대한 질문, 또는 아이에게 간단한 과제(예: 경보식 걷기 또는 그림 그리기 등)를 하도록 하는 것 등이 포함될 수도 있습니다. 그 목적은 진단을 위해 여러분의 자녀에 대한 정확한 인식을 꾀하기 위한 것입니다.

Q31 정확한 ADHD 진단을 받기 위해서는 누구를 찾아가야 하나요?

여러 다양한 분야의 의사들이 ADHD 진단을 내릴 수 있습니다. 여러분이 누구에게 진찰을 받을지는 여러분이 어느 분야의 전문의에게 쉽게 찾아갈 수 있는지도 일부 영향을 받으며, ADHD가 어느 정도인지, 수반되는 다른 장애가 있는지의 여부에도 달려 있습니다.

보통의 소아과 의사들이나 발달 전문 소아과 의사(학습 문제를 전공으로 하는 소아과 의사)는 대개 상대적으로 경미한 ADHD를 가진 아이를 진료할 수 있습니다. 신경과 의사와 정신과 의사 둘 다 ADHD를 가진 아이들을 진단하고 치료할 수 있습니다. 종종 이들은 여타의 의학적 혹은 정신과적 문제로 얽혀 있는 ADHD를 가진 아이들을 만나게 됩니다. 반항적인 행동, 불안 혹은 기분 장애 등 다른 공존 문제들이 있는 아이들의 경우 정신과 의사에게 가는 것이 가장 훌륭한 선택이 될 수 있습니다. 반대로 틱, 뚜렛 장애 또는 특정한 신경학적 문제(예. 발작) 등이 공존하는 아이는 신경과 의사에게 가는 것이 적절할 수 있겠습니다(우리나라 신경과에서는 소아 진료를 하지 않음. 소아 신경 정신과를 방문하는 것이 일반적임-역주).

심리학자들은 약을 처방하지는 못하지만 이들 역시 ADHD와 관련된 문제들에 대해 진단을 내리고 치료를 할 수 있습니다. 여러 분야의 심리학자들이 도움이 될 수 있고 이들의 평가 방법은 각기 다릅니다. 임상심리학자들은 정신과 의사와 유사한 기법들을 사용합니다. 그들은 발달, 학업, 대인관계, 정서적 문제 그리고 아이 행동의 여러 특성에 대한 과거 및 현재의 정보들을 모아가면서 부모와 아이를 인터뷰합니다. 다른 심리학자들, 대개 교육 심리학자나 신경심리학자들은 진단을 내리기 위해 또 다른 양적인 평가 방법을 사용하기도 합니다. 전형적인 인터뷰 외에 대부분의 심리학자들은 진단을 내리기 위해 몇 시간의 검사를 수행하기도 합니다. 증상 중에 학업 문제가 분명하거나 또는 사회적 정서적 문제들이 두드러지는 경우에는 심리학자에 의한 전반적인 평가가 꼭 필요합니다. 이를 통해 아이의 특별한 강점과 약점을 포함한 전반적인 모습에 대한 이해를 할 수 있게 됩니다.

> 여러 다양한 분야의 의사들이 ADHD 진단을 내릴 수 있습니다.

Q32 우리 아이를 의사에게 데려 갔는데 30분 만에 진단을 내리더군요. 의사들은 그렇게나 빨리 ADHD 진단을 내릴 수 있나요?

그렇습니다. 부모들은 이 점을 이해하기 어려울 수도 있겠지만, 전문가들은 꽤나 빨리 ADHD 진단을 내릴 수 있습니다. 우선 이들은 자격을 갖춘 전문가들로서, 결정적인 특징들을 가지고 있는 수 많은 비슷한 아이들을 만납니다. 당뇨병과 같은 건강 상태에 대한 진단과 비슷하게, 현재 보이는 증상과 더불어 개인력 정보가 있으면 정확한 진단에 빨리 도달할 수 있습니다. 사실 아이의 개인력이 진단에 있어 가장 중요한 요인이 됩니다. 덧붙여 부모와 아이가 부주의, 과잉 행동, 충동성과 관련된 문제들을 설명해주는 설문지를 의사에게 제공해준다면 진단은 금세 명확해집니다. 흔히 진료실 내에서 아이가 보이는 제멋대로의 행동들은 개인력을 더욱 확실하게 해주죠. 그러나 진단에 있어 결정적 요소는 진료실 내에서의 부적절한 행동이 아니라 바로 개인력입니다.

■에이미의 이야기[1]

우리 아이 재커리에게 순식간에 진단이 내려지는 것을 보고 적지 아니 놀랐습니다. 그러나 나는 진단에 의구심을 가지지는 않았어요. 이는 어느 정도 내가 부인한 채 지내왔다는 것을 일깨워주었고, 또한 아이의 행동에 대한 나의 감정이나 의문점들을 확실히 해주었기 때문이죠.

의사들이 진단을 빨리 내릴 수 있지만, 부모들은 이렇게나 빠르고 쉽게 내려지는 진단에 대해 마음이 편한 것은 아닙니다. 그러한 상황에서 부모들

1 이 책에 실린 부모들의 논평들은 환자의 신상 보호를 위해 가명으로 되어 있습니다.

이 왜, 그리고 어떻게 진단이 내려졌는지에 대해 의사에게 궁금해 하는 것은 지극히 당연한 일이죠. 사실 부모들은 그 진단에 대해 며칠이고 고심하고 검토해주기를 바랄 것입니다. 여러분의 의문점에 대해 상의하기 위해 의사에게 다시 연락을 해보는 것은 도움이 될만한 일입니다. 연락을 취하게 될 때 의사에게 물어볼 질문 사항들을 적어 놓는 것도 좋은 방법입니다. 결국 어떤 진단을 받아들이고 어떤 치료 방법을 따를 것인지를 선택하는 것은 부모와 아이입니다. 만약 의사의 자격이나 태도가 편치 않다면 또 다른 의사로부터 추가적인 소견을 구해야만 합니다. 그러나 알다시피 부가적인 진료에 대해 보험이 항상 적용되지는 않습니다.

Q33 *의학적 검사가 우리 아이가 ADHD인지 아닌지를 확실히 확인해 줄 수 있나요?*

ADHD는 자녀의 일상에 관여되어 있는 교사들, 부모, 그리고 제 삼자로부터의 면담과 아이의 개인력을 바탕으로 한 임상적 진단입니다. 뇌의 전기적 활동을 측정하는 **뇌파 검사**(EEG), 뇌의 구조를 검사하는 **자기 공명 영상법**(MRI), 뇌에 일어나는 활동을 측정하는 **기능성 자기 공명 영상법**(fMRI)을 이용한 연구들에서 ADHD 아이의 뇌와 정상 아이의 뇌 간에 일부 미세한 차이가 있는 것으로 나타났습니다(문항 9번을 참고). 이러한 차이들은 주의력에 있어 중요한 것으로 알려진 대뇌 부위에서 발견되었습니다. 그러나 아직까지는 EEG, MRI, fMRI를 진단을 내리기 위해 이용할 수는 없습니다. 이렇게 이

뇌파검사 (Electroencephalogram) : 뇌의 전기적 활동을 측정하는 검사.

자기공명 영상법(Magnetic resonance imaging; MRI) : 강한 자기장을 이용하여 뇌 구조에 대한 3차원 영상을 만들어내는 기법.

기능성 자기공명 영상법 (Functional Magnetic resonance imaging; fMRI) : 어떤 활동이 수행되는 동안 촬영된 MRI로 뇌의 어느 부분에서 그 활동이 일어나는지를 보여주는 방식으로 구성되어 있음. 예를 들어 집행 기능 관련 과제를 하는 동안 시행된 fMRI에서는 전두엽에서 가장 활발한 활동이 나타남.

용될 정도로 연구 결과들이 충분히 일관되지는 못하기 때문이죠. 아마도 앞으로는 바뀔지도 모르겠습니다. 더구나 연구 결과들이 ADHD 아이와 정상 아이 간에 신경전달 물질과 수용기에 차이가 있음을 제시하더라도 이 진단을 위해 사용될 수 있는 혈액 검사는 없습니다. 진단을 간단히 할 수 있는 일부 진단적 검사를 연구자들이 개발하는 것이 가능할지도 모르나, 가까운 미래에는 일어날 것 같지 않습니다. 게다가 ADHD를 일으키는 유전자를 밝혀냈을 때 조차도 유전자를 소유하고 있는 것이 반드시 ADHD라는 것을 의미하지는 않습니다. 인간의 신경계는 단순한 일대일 결과로 보기에는 너무나도 복잡합니다. 결론적으로 ADHD에 대한 진단은 의학 검사나 영상 기법이 아니라 아이를 진찰하는 의사의 경험과 판단에 달려 있는 것입니다.

Q34 심리학적 혹은 신경심리학적 평가가 정말 필요한가요?

전문가들은 검사 없이 ADHD 진단을 내릴 수 있습니다. 다시 말해 일련의 학습, 심리학적, 신경심리학적 검사들을 시행하지 않고도 아이가 ADHD를 가졌는지를 결정할 수 있습니다. 그러나 아이의 강점과 약점에 대한 정확한 평가는 진단을 확증하고, 주의력과 관련된 여러 문제들의 영향을 구체화시키고 학습 장애나 정서적 문제와 같은 공존 장애들의 유무를 살펴보는 데 있어 중요한 수단이 됩니다.

신경심리학적 평가 (Neuropsychological assessment) :
대뇌 기능의 행동적 표현에 대해 평가하는데 이용되는 일련의 검사들.

심리학적 또는 **신경심리학적 평가**를 완전히 끝마치는데 7~10시간이 소요될 수 있습니다. 어린아이의 경우 일반적으로 3~4회에 걸쳐 진행됩니다. 청소년들은 더 오랫동안 검사를 받을 수 있어서 장시간의 1~2회 정도면 검사를 마칠 수 있습니다. 그러나 하루하루 주의 집중력과 기분의 변화가 분명한 경우라면 여러 차례 아이를 보는 것을 고려할 만 합니다.

아이가 심리학적 평가를 받을지, 또는 신경심리학적 평가를 받게 될지는 일반적으로 여러분이 누구에게 평가 받기를 택했느냐에 따라 달라지게 됩니다. 검사에 있어서의 차이는 기본적으로 평가자의 전공과 관점의 차이를 뜻합니다. 어떤 평가든지 아이의 기능에 있어 각기 다른 측면들을 자세히 살펴야 합니다. 대부분의 경우 평가자들은 지능에 대한 평가 도구와 읽기, 쓰기, 셈하기 같은 기초 능력을 포함하고 있는 학업 성취에 대한 검사를 사용해야만 합니다. 또 다른 검사들은 정보를 처리하거나 기억력, 언어, 시공간 그리고 감각 운동 능력을 사용하는 아이의 역량을 측정해야만 합니다. 또한 아이의 실행 기능에 대한 평가를 하는 것이 중요합니다. 실행 기능은 뇌의 전두엽에 의해 통제되는 능력들을 의미하는 신경심리학적 용어입니다. 기본적으로 실행 기능은 '시작하고, 전환하고, 지속하고, 억제하는' 아이의 능력을 지칭하는데, 이러한 능력에 대한 평가는 아이의 계획 및 조직화 능력, 인지적 유연성, 지속적 주의력, 검토 능력 등에 대한 검사를 포함하게 됩니다. 아이가 학업에서 좋은 성적을 얻고 사회적으로 잘 상호작용하고 일상의 변화들에 적응하기 위해서는 이 실행기능이 필요합니다.

정확한 평가에는 또한 사회적 정서적 기능에 대한 측정도 포함되어야 합니다. 자기 보고식 검사와 투사법 검사들이 이 영역을 평가하는데 이용될 수 있습니다. 자기 보고식 설문지들은 불안이나, 사회 기술 같은 특정 기능에 초점을 맞출 수 있습니다. 세밀한 평가에서는 상당히 긴 행동 목록에 직접 답하거나 평점을 매기게 한 후 이를 해석하여 학업이나 정서, 사회적 기능에 대한 아이 자신의 생각을 알아봅니다. 반대로 투사적 검사에서는 상대적으로 중립적인 자극에 아이들이 자신의 감정이나 마음을 투사하도록 돕는 평가 도구들을 사용합니다. 예를 들어 아이들은 그림에 대해 이야기를 해보거나 잉크 반점에서 자신들이 본 것에 대해 설명을 하게 됩니다. 이는 평가자가 아이 내면의 정서 상태에 대해 잘 이해하도록 해주는 아주 좋은 방법입니다.

심리학자들은 이 모든 결과들로부터 자료를 수집하고 분석을 할 것이고 결과를 해석하고 결론을 내린 다음 상담을 할 때 부모에게 이를 설명해줄 것입니다. 전문가들은 또한 청소년일 경우 심리학자로부터 직접적인 피드백을 받기를 장려합니다. 이들은 자신의 장 · 단점을 적절히 인식하고 진단의 의미를 이해할 만큼 충분히 나이를 먹었습니다. 일단 아이들이 자신의 장애의 의미를 이해하고 나면 십대 청소년들은 치료 과정에 적극적인 참여자가 될 수 있습니다. 이런 식으로 평가 결과에 대한 피드백은 아이들 스스로 ADHD를 다루는 것에 대해 책임을 갖는 법을 배우는 실질적인 첫 단계가 됩니다.

Q35 *ADHD가 학령기 아이들 사이에서 점차 많아지고 있다고 들었어요. 과잉 진단되고 있는 건가요?*

사실 ADHD 진단은 1990년대 들어 급격하게 증가하였습니다. 실상이 그렇더라도 이는 아마 ADHD를 가진 아이의 수가 증가했다기보다는 다른 요인들에 의해서인 듯 합니다. 우선 임상가나 교사들, 학부모들 사이에서 이 장애에 대한 인식이 확실히 높아졌습니다. 둘째로, ADHD에 대한 평가 방법이 수년에 걸쳐 변화해왔다는 것입니다. 과잉 행동에 대한 증거가 더 이상 진단에 있어 필수적이지 않게 되면서 유병률은 확실히 증가했습니다. 셋째로 일부 사람들은 ADHD를 진단 받음에 따라 몇몇 새로운 '유리한 점' 들이 생겼기 때문에 유병률이 증가했다고 주장하기도 합니다. 장애인 교육법(Individual with Disabilities Education Act; IDEA, 문항 82번 참고)의 개정으로 1991년 ADHD가 하나의 장애로 공식적으로 인정되었고 이로 인해 ADHD를 가진 아동들은 특별한 교육적 편의를 받을 권리가 부여되었습니다. 예를 들어 교사들은 ADHD 아이들에게 시험 때 별도의 추가 시간을 허용해주고, 개별지도를 해주고, 숙제를 덜 내주며 과제를 늦게 제출하는 것에 대해 덜 엄격합니다. 게다가 이제는 SAT 같은 시험에서 추가 시간을 주는 것이 더 이상 공개되지 않습니다. 이는 SAT 성적을 받은 대학 측에서 학생이 추가 시간을 받았는지 알 수 없다는 것입니다. 일부 사람들은 부모들이 자기 아이가 이러한 혜택을 받게 하기 위해 더욱 쉽사리 진단을 받으려 들게 만들었고 결국 이로 인해 ADHD 진단과 이를 치료하기 위한 각성제의 처방이 급격히 증가하게 됐다고 주장합니다.

Q 36 진단 기준은 ADHD 증상들이 7세 이전에 존재해야 한다고 하는데 어떻게 의사는 지금에서야 처음으로 중학생인 우리 아이가 ADHD라고 할 수 있나요?

초등학교 시절 동안 일부 아이들 특히 머리가 좋은 아이들은 자신의 주의력 문제를 보완할 수 있습니다. 다시 말해 이 때의 학업 부담은 이들에게는 손쉬운 편이고 아이들은 공부를 잘하기 위해 매우 계획적이어야 하거나 집중적으로 주의를 기울일 필요까지는 없습니다. 하지만 중학교 때부터는 학업 과정에서 계획을 잘 세워 스스로 공부하며 작업 기억을 활용(두 가지 이상의 아이디어를 동시에 잘 처리해내는 것)할 필요가 있음이 강조되면서 실행기능을 새롭게 요구하게 됩니다. 학업 수준이 높아짐에 따라 정리정돈이 중요해지고, 미리 세워둔 계획에 따라 장기적인 과제를 해내야 합니다. 더 길어진 수업을 듣고 매 시간 교실을 바꿔가며 찾아 다니게 되는 것도 큰 어려움이 될 것입니다. 또한 각 학과목이 세분화된 중학교 아이들의 경우 한 명 이상의 교사를 만나는데 이는 정상 아이들에게도 실행 기능을 상당히 발휘해야 하는 부담이 될 수 있습니다. 학생들은 각기 다른 수업 스타일에 적응을 해야만 합니다. 교실의 학생들과 밀접한 한 명의 선생님과 지내는 것 대신 아이들은 자신에 대해 잘 모르고 자신들의 ADHD에 대해 덜 관용적인 다양한 교사들을 만나게 됩니다. 따라서 이전에 감추어졌던 증상들이 훨씬 더 분명해집니다. 좀더 나이가 든 아이들은 또한 자신의 주의산만과 부주의에 대해 훨씬 더 명확히 표현할 수 있고 자신의 증상에 대해 질문하는 사람들에게 훨씬 자발적으로 보고를 합니다.

Q37 ADHD인 아이는 다른 장애들에 대해서도 마찬가지로 더 영향을 받기 쉬운 가요?

ADHD를 가진 아동들은 단순히 주의력이나 집중력과 관련된 문제들만 가지고 있기도 하지만, 몇몇 문제들이 일반적으로 ADHD와 밀접히 관련되어 있는 것도 사실입니다. 실제로 ADHD를 가진 아이들은 부가적인 증상이나 장애를 가지고 있는 경우가 꽤 많기 때문에 진단이 상당히 어려워질 수 있지요. 일부 아이들은 다른 장애들에 대해 **준임상적**인 수준의 문제를 가지고 있을 수 있습니다. 이는 진단 기준을 충족시킬 정도로 특정 장애의 증상들을 충분히 가지고 있지는 않지만, 몇몇 경미한 증상들을 가지고 있음을 의미합니다.

준임상적(Subclinical) :
종종 거의 눈에 띄지 않을 정도의 매우 경미한 증상을 보이는 장애의 상태. 유전병에서 그 장애의 유전형에 기반해서 볼 때는 분명히 장애의 영향을 받았다고 생각되지만 겉으로는 뚜렷하게 문제가 있는 것이 드러나지 않는 가족 구성원들의 경우, 준 임상적 증상들을 가지고 있다고 지칭됨.

ADHD를 가진 많은 아동들이 공존 장애들로 인해 힘들어 합니다. 높은 공존율을 가진 장애라는 것은 한 장애를 가진 아이가 또 다른 장애를 가질 가능성이 높다는 것을 뜻합니다. 예를 들어 대다수 ADHD 아동들은 학습 문제를 가지고 있습니다. 의사와 부모들은 또한 정서 문제나 불안과 관련하여 ADHD 아이들을 면밀히 주시해야만 합니다. 또한 **뚜렛 장애**, **강박 장애**, 반항 장애, **품행 장애** 등도 ADHD와 관련이 있습니다.

뚜렛 장애 (Tourette s syndrome) :
다양한 운동 틱과 음성 틱을 보이는 장애. 뚜렛 장애로 진단되기 위해서는 틱이 적어도 1년 동안 지속되어야 함.

강박 장애(Obsessive compulsive disorder) :
강박 사고와 강박 행동들을 보이는 장애.

품행 장애 :
사회적 규칙들에 대해 심한 위반을 보이는 장애.

ADHD 아이의 대략 50%는 하나 이상의 공존하는 정신과적 장애를 가지고 있습니다. 이는 ADHD 치료를 어렵게 만들 뿐 아니라 아이들의 일상 기능을 심각하게 악화시키지요. 따라서 약물, 심리 치료, 또는 학업적 도움을 통해 필히 다루어져야만 합니다.

Q38 강박 장애와 ADHD가 어떻게 관련이 있고 또 어떤 차이점이 있나요?

여러 연구들은 강박 장애와 ADHD 사이에 약 6~33% 정도에 이르는 공통되는 특성이 있다고 합니다. DSM-IV-TR에 따르면 강박 장애는 강박적 사고나 강박적 행동을 보이는 장애를 말합니다. 강박적 사고와 강박적 행동들은 상당한 고통을 야기하며, 몹시 소모적이고 일상의 일과나 직업적 기능, 학업, 또는 대인 관계를 방해합니다. 강박적 사고는 반복적이고 끊임 없는 침투적인 사고와 이미지들을 지칭합니다. 전형적인 강박적 사고에는 먼지나 세균에 대한 과도한 걱정, 제대로 못한 것 같은 무언가에 대한 주기적인 생각, 특정 물건이 항상 정해진 곳에 있어야만 하는 불안감 등이 있습니다. 반면에 강박적 행동은 수행을 반드시 해야 될 것 같은 반복적인 행동과 정신적 활동을 말합니다. 강박적 행동은 고통을 감소시키거나 어떤 사건이나 상황을 방지할 목적으로 이루어지지요. 이 장애의 경과 중 어느 시점에서는 자신의 강박적 사고나 강박적 행동이 지나치거나 비합리적임을 인식합니다. 소아 강박 장애는 여아들에게 더 빈번하며 자주 유전되며 다른 정신과적 장애들 특히 ADHD와 흔히 동반됩니다.

Q39 ADHD인 우리 아이는 손톱을 물어뜯고, 옷자락을 깨물고 자주 눈을 깜박거립니다. ADHD의 일부 특징인가요? 아니면 아이가 틱이 있는 건가요?

틱은 자발적인 통제가 되지 않는 반복되는 움직임이나 소리들을 말합니다. 이는 규칙적이거나 지속되는 것은 아니며 나타났다 사라지곤 합니다. 일부 틱은 실제로 매우 경미해서 전문가가 아니면 알아 채지 못합니다. 어떤 운동 틱들은 눈을 깜박거리는 것이나, 어깨 들썩이기, 얼굴 찌푸리기 같이 단순합니다. 이렇게 생각할 때, 손톱 물어뜯기와 손가락 관절을 꺾어 소리 내기도 실제로 틱이라 할 수 있지만 이 행동들은 매우 흔해서 실질적으로 틱으로 분류하지는 않는 편이지요. 일부 운동 틱은 점프하는 것 같이 더 증상이 복잡합니다. 어떤 아이들은 또한 음성 틱 증상을 보이는데 이는 헛기침이나 가볍게 기침을 하는 것에서부터 욕설을 내뱉는 것까지 있습니다. 그러나 욕설을 하는 것은 매우 드문 증상이지요.

> ***틱(Tics) :***
> 불수의적인 근육 움직임이나 움찔거림.
>
> ***음성 틱(Vocal tics) :***
> 헛기침, 코를 킁킁거리는 것 또는 한마디 말로 된 불수의적인 소리.

뚜렛장애는 여러 개의 운동 틱과 하나 혹은 그 이상의 **음성 틱**을 보이는 것을 말합니다. 뚜렛장애로 진단 내리기 위해서는 최소 1년 이상 존재하고 시간에 따라 그 유형과 빈도가 다양한 틱을 보여야 합니다. 몇 주에서 몇 달 정도 지속되는 일시적인 운동 틱은 학령기 아동들에게서 꽤나 빈번하며 줄잡아 남아는 100명당 1명, 여아는 500명당 1명 꼴로 나타나는 것으로 보고되었습니다. 일부 연구에서는 학령기 아동의 20% 가량에서 일시적인 틱이 생겨나는 것으로 나타났습니다. 아동기 때의 경미한 틱장애는 꽤 일반적이기는 하나, 확실히 뚜렛장애는 보기 드물지는 않지만 흔하지도 않습니다. 뚜렛장애의 유병률은 일반 학생 집단에서 0.1%에서 0.3%이며 특수 교육을 받는 집단에서는 10% 정도입니다. 틱의 징후는 대개 7세 즈음에서 나타나기 시작하며 이는 ADHD의 초기 징후들이 나타나는 때 보다는 몇 년 후가 지나서입니다. 대부분의 아이들에게서 틱은 청소년기에 이르면 상당히 줄어들거나 사라지게 되지요.

뚜렛 장애는 유전되는 듯하나, 관련된 특정 유전자는 아직 알려지지 않았습니다. 연구자들은 가장 연관되어 있는 신경전달 물질이 도파민과 노르에피네프린인 것으로 생각합니다(문항 8번에서 논의됨). 뚜렛 장애의 유전적 발현은 가계 내에서 매우 다양합니다. 같은 가족 내에서 일부 가족 구성원들은 운동 틱과 음성 틱 모두를 포함한 완전한 뚜렛 장애를 보이는 반면 다른 가족 구성원들은 단지 운동 틱만 보이거나 틱 증상이 전혀 없을 수 있습니다.

Q40 뚜렛장애와 ADHD는 무슨 관계가 있나요?

뚜렛장애가 있는 아이들에게서의 ADHD 유병률은 보고된 바에 의하면 20~90%에 이릅니다. 한편 ADHD 아이에게서 뚜렛장애의 비율은 10%에서 50%에 이르죠. 뚜렛장애는 심지어 “틱이 있는 ADHD”라고 이름 붙여지기까지 했었습니다. 일부 아이들에게서의 ADHD는 대개 ADHD 유전자가 아닌 뚜렛 유전자의 발현이기도 합니다. 다시 말해 뚜렛장애 유전자가 틱을 일으키는 대신, 혹은 틱에 더하여 ADHD를 일으킨 것입니다. 뚜렛장애에서 발견되는 뇌와 신경전달물질의 이상은 ADHD에서 보이는 것과 부분적으로 일치합니다(문항 52번에서 논의될 것임). 특히 전두엽-선조체 구조의 이상은 두 장애 모두에서 나타납니다.

Q41 정서문제 또한 ADHD 아이들에게서 흔한가요?

우울증이나 **양극성 장애**와 같은 기분 장애는 ADHD 아이들이나 청소년들의 15%에서 75% 정도에서 보고가 됩니다. 우울한 아이의 슬프고 비관적인 기분 삽화는 일상적인 범위를 넘어선 것입니다. 다시 말해 특히 사별이나 충격적 외상 사건 이후 단기간 동안 슬퍼하는 것은 자연스러운 것입니다. 그러나 이러한 슬픔이 일반적인 예상보다 지나친 경우라면 우울증일 가능성이 있습니다. 임상적으로 우울한 일부 아이들은 식욕이나 수면 패턴에서의 변화와 같은 신체적 증상들을 보입니다. 또 다른 증상들에는 거의 모든 활동에 대한 급격한 흥미의 감소, 피로와 에너지 저하, 무가치감, 죽음에 대한 반복적인 생각들이 있습니다. 또한 우울한 아이들은 ADHD 아이들처럼 주의 집중을 유지하는데 어려움을 보일 수 있습니다. 의외로 일부 우울한 아이들은 정신 운동성 초조, 혹은 과잉 활동을 보이기도 합니다. 집중력의 저하 혹은 과잉 활동을 보이면 ADHD와 구별하기가 어려워질 수 있습니다. 그럼에도 불구하고 능숙한 전문가는 이를 구분할 수 있어야 합니다. 그러나 ADHD와 우울증은 동시에 나타날 수 있다는 것을 유념해야 합니다.

> ***양극성장애(Bipolar Disorder) :*** 우울 증상과 조증 증상이 번갈아 나타나는 기분 장애.

양극성장애는 기분 장애의 또 다른 유형입니다. 양극성장애의 경우 아이는 우울 증상과 조증 증상을 번갈아 보이게 됩니다. 위에서 언급한 우울증상과는 대조적으로 조증 증상들에는 고양된 자존감, 과장된 자신감, 수면에 대한 욕구 감소, 말이 많고 끊임 없이 지속하는 것, 사고의 비약, 쾌락적 활동에 지나치게 몰두하는 것 등이 포함됩니다. 일부 ADHD 아이들과 마찬가지로 양극성장애 아이들 또한 정신 운동성 초조를 보이고 쉽게 주의산만해집니다. 우울증과 마찬가지로 때때로 양극성장애와 ADHD를 구별하는 것은 어려운 일입니다. 사실 양극성장애를 가진 많은 아동들이 ADHD 진단 기준을 충족시키는 증상들을 보입니다. 그러나 몇몇 중요한 특징들이 이 두 장애를 구별해줍니다. 공격성과 파괴적 성향이 두 장애 모두에서 나타나기는 하지만 ADHD 아이들의 경우 종종 경솔해서 그런 것인 반면 특히 심한 조증 삽화 사이에 나타나는 심하게 짜증스런 기간 동안 양극성장애 아이들은 고의적으로 피해를 주기도 합니다. 또한 분노 폭발 반응의 지속기간과 강도에 있어 차이가 있습니다. ADHD 아이들에게 있어 분노 표출은 대개 짧은 반면 양극성장애 아이들은 몇 시간 동안 지속되는 감정적 폭발 반응을 보입니다. 다시 말해 ADHD 아동들에게서의 품행 문제는 종종 우연한 것인데 비해 양극성장애 아동들의 못된 행동들은 대개 고의적이라 할 수 있지요. ADHD 아이들은 종종 자신의 행동에 따른 해로운 결과들을 인식하지 못하는 반면 양극성장애 아이들은 실제로 위험 선호자들 입니다. 또한 두 장애 모두 수면 문제가 수반되지만 섬뜩한 악몽은 주로 양극성장애 아이들에게서 나타납니다. 양극성장애 아이들은 또한 특정 영역에 타고난 재능이 있어 비범한 언어적 또는 예술적 능력을 소유한 경우가 있습니다. ADHD 아이들은 정신증적 증상이나 현실 검증력의 손상은 보이지 않습니다. 양극성장애 아이에서는 적어도 85%가량이 자기 가치감에 있어 그릇된 인식을 보이는데 이는 ADHD 아이들에게서는 드문 증상입니다. 기분의 급격한 변화 또한 양극성장애 아이들에게서 매우 흔하지요.

Q42 우리 아이의 학교에 대한 불안은 나쁜 성적 때문에 그런 건지요? 아니면 ADHD 아이들이 원래 불안문제들을 자주 보이는 건가요?

ADHD 아이들에게서 불안장애들이 나타날 수 있습니다.

ADHD 아이들을 포함해서 불안은 누구에게나 정상적인 감정입니다. 그러나 진짜 불안 장애인 아이들은 이러한 감정들을 다른 사람들에 비해 훨씬 더 자주, 더 쉽게, 더 강하게 경험합니다. 이 아이들은 두려워할게 없을 때 조차도 긴장과 걱정, 불안을 느낍니다.

ADHD 아동들에게서 불안장애들이 나타날 수 있습니다. 실제로 여러 연구들에서 ADHD 아이들의 25% 정도에서 불안장애가 발생한다고 보고되었습니다.

DSM-IV-TR에는 여러 가지 유형의 불안장애들에 대해 기술되어 있습니다. 예를 들어 분리불안장애를 가진 아이들은 집에서 나오는 것이나 주 양육자와 떨어져야 하는 것에 대한 극도의 불안감을 가지고 있습니다. 범불안장애 아동들은 모든 것에 대해 과도하게 불안해하고 걱정합니다. 사회공포증인 아이들은 일상적인 사회적 상황들에서 몹시나 수줍어하고 불편해하지요. 공황장애, 광장공포증(집 밖을 나가는 것에 대한 공포), 특정공포증, 강박장애 또한 불안장애의 하위 유형들입니다. 불안장애는 상대적으로 흔한 반면에 일상 기능에 있어 심한 제약을 주는 경우는 드물고 이에 가족들조차 잘 알아 채지 못한다는 것을 유념해야 합니다.

ADHD 아이들은 자신의 ADHD로 인해 파생된 결과로 불안해질 수 있다는 것 또한 가능합니다. 그러한 경우 아이들은 대인 관계, 학업, 날마다의 일과에 대해 더욱 긴장하게 되고 불안해합니다. 즉, 학업, 심리, 사회적 영역에 있어 ADHD 아이들이 가진 어려움들이 이들을 불안하게 만들 수 있습니다. 실제로 불안 장애가 공존하든 ADHD로 인한 일시적인 문제든 간에 ADHD와 불안이 같이 있는 아동들은 학교에 대한 공포심이나 학업 문제를 갖게 될 가능성이 확실히 높습니다.

Q43 ADHD인 우리 아이가 보이는 고집스러움과 반항은 ADHD로 인한 건가요? 아니면 또 다른 문제로 인한 건가요?

어느 정도의 고집과 반항은 정상적일 수 있습니다. ADHD이든 아니든 간에 청소년들은 특히 이러한 행동을 보이기 일쑤이지요. 다른 아이들과 마찬가지로 ADHD인 아이도 때때로 고집을 부리거나 반항적일 수 있습니다. 몇몇 경우 이는 정상적인 행동 범주입니다. 그러나 ADHD 아이 중 거의 절반 가까이가 반항장애를 공존 문제로 가지고 있습니다. 반항장애는 사회적, 학업적, 직업적 관계에 중요한 장해를 일으키는 거부적이고 적대적이고 반항적인 행동을 보이는 것입니다. 이 문제가 있는 아이들은 날마다 어른들과 싸우고 화를 내고 규칙들을 무시해 버립니다. 또한 이들은 정서적으로 상당히 과민하고 자신의 잘못이나 실패에 대해 타인을 비난합니다. 이러한 문제들은 시간이 가도 지속되고 학교나 가정, 사회적 관계에서 몹시 난폭해질 수도 있습니다.

ADHD를 가진 아동들 중 소수는 품행장애를 공존 문제로 가지고 있을 수 있습니다. 반항장애와 달리 품행장애 아이들은 사회적 규범들을 위반하지요. 반항장애는 후에 품행장애 발달에 위험 요인이 될 수는 있지만 반항장애를 가진 아이들 중 소수만이 결국 품행장애가 됩니다. 이 아이들은 학교에서나 지역 사회에서 심각한 문제를 일으킵니다. 이들은 위험을 무릅쓴 행동을 보이며 법을 위반합니다. 다시 말해 도둑질을 하거나, 방화를 하거나 기물을 파손하고 무모하게 운전을 하기도 하죠. 품행장애는 약물만으로는 치료될 수 없고 집중적이고 지속적인 치료가 요망됩니다.

제 3 부

약물과 ADHD

- ADHD를 치료하기 위해서는 어떤 종류의 약물이 사용되나요?
- 미취학 아이들도 각성제를 복용할 수 있나요?
- 우리 아이는 얼마나 약물 치료를 받을 필요가 있나요?
- 약물은 안전한가요? 우리 아이가 약물에 중독되지 않을까요?

그 외…

Q44 *ADHD를 치료하기 위해서는 어떤 종류의 약물이 사용되나요?*

ADHD에 가장 자주 사용되는 약물은 메틸페니데이트(methylphenidate; 잘 알려진 상품명으로는 리탈린(Ritalin), 포칼린(Focalin), 메타데이트(Metadate), 메틸린(Methylin) 그리고 콘서타(Concerta) 등이 있음)와 같은 각성제들과 암페타민 유도체(상품명으로는 덱세드린(Dexedrine)과 애더럴(Adderall)이 있음)들입니다. 그러나 여러 종류의 다른 약물들도 마찬가지로 사용될 수 있습니다. 다른 약물들은 주로 처음에는 다른 의학적 장애들을 치료하기 위해 개발되었던 것들로 크게 세 부류로 분류할 수 있습니다: (1) 틱 치료제인, 클로리딘(clonidine; 상품명 카타프레스(Catapres))과 구안파신(guanfacine; 상품명 테넥스(Tenex)), (2) **항 우울제**, (3) ADHD 치료를 위해 특별히 개발된 최초의 비 각성제 약물인 아토목세틴(atomoxetine; 상품명 스트라테라(Strattera)).

> ***항 우울제(Antidepressants) :*** 우울증을 치료하기 위해 사용되는 약물들, 예를 들어 프로작(Prozac), 웰부트린(Wellbutrin), 이팩사(Effexor) 같은 세로토닌 재흡수 억제제(SSRI)들이나 데시프라민(Desipramine)같은 삼환계 항우울제들(TCAs).

1999년 ADHD로 약물 치료를 받은 아이들 중 50%가 메틸페니데이트(리탈린이나 그 외 다른 상품들) 종류를 복용하였고 30%는 암페타민 종류(덱세드린 혹은 애더럴)로 치료 받았고, 나머지 20%는 그 외 종류의 약물을 처방 받았습니다. 스트라테라가 이용 가능해지면서 지금은 이러한 비율이 변했을지도 모릅니다. 흔히 사용되는 각 약물들의 장 · 단점에 대해서 이 장을 통해 설명하도록 하겠습니다.

▶ 각성제들 ◀

Q45 *각성제가 ADHD에 가장 일반적으로 처방되는 약물이라고 알고 있는데, 안전한가요?*

각성제는 ADHD에 있어 가장 우선시 되는 치료법입니다. 각성제는 1930년대부터 ADHD 치료를 위해 사용되어왔습니다. 각성제가 근 수십 년 동안 쓰여왔기 때문에 지금 몇몇 성인들은 50~60년대 어린 시절 약을 복용했던 것이 기억 날 것입니다. 어린 시절 각성제를 복용하는 것이 장기적인 의학적, 심리적 문제를 일으킨다는 증거는 없습니다. 1,000여 건 이상의 연구에서 적절하게 진단된 ADHD 아동들 대부분을 치료하는데 있어 각성제가 안전하고 효과적이라는 것이 증명되어왔습니다. 최근 여러 연구들에서는 꾸준히 2~5년 동안 사용했을 때에도 두드러지는 부작용이 없고 지속적인 약물 효과가 있는 것으로 나타났습니다. 최근 출간된 미국 국립 보건원(National Institute of Health)이 지원한 ADHD 아이들에 대한 다중 치료연구(Multimodal Treatment Study of Children with ADHD; 줄여서 **MTA** study)에서 3년간의 추적 결과에 따르면 초기에 지속적이고 집중적으로 약물치료를 하면 확실히 예후가 좋다고 나타났습니다. 일부 아이들은 초기에 집중적으로 치료를 받았기 때문에 결국 약물 치료를 중단할 수 있었습니다. 3년 간의 추적 연구 기간 동안 약물 자체나 이와 결합된 치료들을 통해서 반항 장애를 보이는 ADHD 아이의 수도 감소된 것으로 나타났습니다. 14개월의 연구 기간과 2~3년 후의 추적 연구 동안 꾸준히 약을 복용했던 아이들은 약물 치료를 통해 지속적인 효과를 보았습니다. 초기 14개월 연구 동안 각성제 치료를 받지 않았으나, 이후 추적 연구 시기 동안 약 복용을 시작한 아이들도 개선의 효과가 있었습니다. 이러한 결과들은 치료가 필요할 경우 지속적인 약물 치료를 하는 것이 중요하며

> ***MTA 연구 :***
> 미국 국립 보건원이 지원한 ADHD 아이들에 대한 다중 치료 연구.

또한 안전하다는 것을 입증합니다.

또 다른 연구들에서는 각성제 약물들이 대뇌 발달에 영향을 주지 않으며, 뇌의 수축을 일으키지도 않음을 보여주었습니다. ADHD 아이들에게 문제가 되는 뇌 부위의 크기 차이는 약물 사용 전에도 이미 존재한 것입니다. 약물 치료가 시작된 후 대뇌 구조들이 정상 아이와 동일하게 성장하는 것입니다. 이 차이가 정상 아이 보다 대략 5% 작은 정도로 지속됩니다.

아마 그 어떤 약물보다 각성제는 언론의 악평에 시달려 왔던 것 같고 이는 치료제로서의 각성제와 남용되는 마약으로서의 각성제 간의 차이에 대한 대중의 인식을 근거 없이 혼란스럽게 만든 주범일 듯 합니다. 대다수 아이와 그 가족들이 잠재적으로 이런 영향을 받았다고 가정한다면 대중이 이 차이를 올바르게 인식하도록 돕는 노력이 무엇보다 중요합니다. 의사에 의해 처방되어 사용되는 각성제는 중독성이 없습니다. 무엇보다도 각성제 치료를 받는 아이들은 치료를 받지 않는 아이들에 비해서 이후에 약물 중독자가 될 가능성이 더 적습니다.

또 다른 근거 없는 걱정거리는 리탈린이 과잉 처방 된다는 것입니다. 1990년대 중반 미국에서 ADHD 아이들에 대한 리탈린과 다른 각성제들에 대한 처방전은 1990년도 보다 2.5배 가량 증가했습니다(이 책에서 우리는 리탈린을 모든 각성제 약물을 총칭하는 의미로 종종 사용했습니다). 처방 사례는 계속 늘어나고 있고 이러한 증가 추세가 각성제가 과잉 처방되고 있다는 염려를 불러 일으킨 것 같습니다. 그러나 늘어난 처방 수는 현재 줄잡아 추산한 아이들의 ADHD 유병률 4~5%대 정도와 일치되는 수준입니다. 그러므로 처방의 증가는 여러 다른 요인들 즉, 장애에 대한 인식이 높아지고,

의사에 의해 처방되어 사용되는 각성제는 중독성이 없습니다.

여아들의 ADHD 진단이 증가했으며 ADHD 부주의 유형에 대한 인식이 높아진 점, 그리고 청소년기나 성인기까지 치료를 지속하거나 이때 시작하는 것 등에서 기인한 것입니다. 또한 동일 기간 동안 미취학 아이들에게 각성제 약물 치료를 하는 경우도 증가하였죠. 다른 나라들에서도(예: 영국) 마찬가지로 더 많은 리탈린이 처방되고 있습니다.

그러나 이러한 증가 추세에도 불구하고 ADHD를 가진 모든 아이들이 장애를 진단 받는 것은 아니며, ADHD 진단을 받은 모든 아이들이 적절하게 치료를 받고 있는 것도 아닙니다. 다시 말해 어떤 경우에서는 실상 리탈린이 과소 처방되고 있기도 하지요. 4개의 지역사회 연구로부터 나온 자료에 따르면 ADHD 진단을 받은 9~17세의 아이들 8명 중 1명만 약물 치료를 받은 적이 있는 것으로 나타났습니다.

Note

ADHD에 자주 처방되는 화학 성분인 메틸페니데이트의 상품명들은 다음과 같습니다.

- 리탈린(Ritalin)
- 메타데이트(Metadate)
- 포칼린(Focalin)
- 메틸린(Methylin)
- 콘서타(Concerta)

ADHD에 종종 처방되는 또 다른 화학 성분인 암페타민은 애더럴(Adderall)과 덱세드린(Dexedrine) 이라는 이름으로 판매되고 있습니다.

46 Q 각성제는 뇌에 어떻게 작용하나요? 이미 지나치게 각성되고 흥분되어 있는 아이에게 어떤 식으로 도움이 되나요? 모순되는 거 아닌가요?

각성제들은 특히 전두엽-선조체 영역에서 뇌의 도파민 농도를 증가시키고 그 보다는 적지만 노르에피네프린과 세로토닌의 농도도 높입니다. ADHD가 아니고 전두엽이 정상적으로 기능하는 사람은 약물로 인한 도파민의 증가 효과를 그리 크게 경험하지 않습니다. 하지만 ADHD이고 전두엽이 제대로 기능하지 못하는 사람들은 각성제로 인한 도파민 증가가 동일한 방식으로 일어나지만 그 효과는 훨씬 극적입니다. 전두엽 기능이 향상된다는 것은 뇌의 다른 부분들이 과잉 보상하는 것을 멈춘다는 것을 의미합니다. 대뇌의 나머지 부분들에서 과도한 활동이 없어지고 갑작스레 집중 능력이 생기면서 ADHD 아이들은 전보다 훨씬 차분해짐을 느끼고 과잉행동도 덜해집니다. 게다가 더 잘 주의를 유지하게 되고 덜 산만해지고 덜 충동적으로 됩니다.

정상 성인 집단을 대상으로 한 연구에서 리탈린이 수학 과제를 수행하는데 있어서 흥미를 증가시키는 것으로 나타났습니다. 흥미가 증가한다는 것은 약물이 ADHD가 있는 사람들의 학업 수행을 높여주는 여러 원인들 중 하나입니다. 리탈린으로 인해 수학 과제에 대한 흥미가 증가하는 것은 뇌영상 촬영을 해본 바 대뇌, 특히 선조체에서 도파민이 증가하는 것과 연관이 있었습니다.

각성제들은 전두엽 선조체 회로 전반에 걸쳐 작용합니다. 화학적으로는 약간 차이가 있기는 하지만 리탈린과 덱세드린은 유사한 효과가 있습니다. 그들은 시냅스 영역에서 도파민 수준을 증가시킵니다. 리탈린은 시냅스로

효소(Enzyme) :
살아있는 유기체의 화학적 반응 속도를 높이거나 낮추게 하는 단백질.

부터 도파민을 모아서 시냅스 전 뉴런으로 다시 운반하는 **효소**인 도파민 운반체를 차단시킵니다. 그리고 좀 덜한 정도이기는 하지만 시냅스 전 뉴런의 소낭에서 도파민 방출을 다소 증진시킵니다. 덱세드린의 주요 작용은 시냅스 전 뉴런에서 소낭으로부터 도파민을 방출시키는 것입니다. 그러나 또한 리탈린보다는 정도가 덜 하지만 도파민 운반체 작용을 방해하기도 합니다.

ADHD는 우선적으로는 도파민 대사 장애로 볼 수 있으나, 노르에피네프린과 심지어 세로토닌도 나름의 역할을 합니다. 도파민과 위의 이 두 가지 신경전달 물질 간의 균형이 이 장애의 또 다른 한 측면일 것입니다. 리탈린과 덱세드린 둘 다 이들이 도파민에 작용하는 정도의 수준보다는 덜 하지만 노르에피네프린과 세로토닌 농도에 마찬가지로 영향을 미칩니다. ADHD에서의 노르에피네프린과 세로토닌의 관련성은 아마도 왜 여타 다른 약물들이 이 장애를 치료하는데 있어 효과적인지를 설명해줍니다.

Q47 각성제는 얼마나 효과적인가요? 그리고 효력이 있는지는 어떻게 알 수 있나요?

각성제 치료의 효과는 이들 약물로 치료 받은 ADHD 아이들의 70~80%에서 나타납니다(그러나 각성제에 대한 효과가 있다고 해서 진단이 ADHD라고 증명해주는 것은 아닙니다). 각성제 사용 결과는 즉각적이며 종종 행동에 있어 극적인 호전 양상을 보입니다. 주의력이 개선되며 대인 관계 상호 작용이 향상됩니다. 교사들은 교실에서 아이들을 통제하기 위해 애쓸 필요가 없고 그들의 행동을 더 많이 수용하게 됩니다. 주의력, 충동성, 학습, 정보 처리, 단기 기억력, 각성 상태에 대한 검사 결과에서도 모두 향상을 보였습니다. 마찬가지로 학업 성취도도 단기적으로나 장기적으로 나아지는 것으로 나타났습니다.

각성제들은 취학 전 아이부터 성인에 이르기까지의 모든 연령대의 환자들에게 효과적인 것으로 알려져 있습니다. 인종, 성별, 가족의 수입, 부모의 결혼 상태와 같은 요인들은 치료 반응을 예측해주지는 않습니다. 대개 각성제의 효과는 꽤나 뚜렷하게 드러납니다. 아이는 덜 안달하고 훨씬 집중을 잘 하고 더 진득하게 숙제를 할 수 있고 덜 충동적이 되지요. 가장 분명한 것은 아이가 약을 먹는지 모르는 사람들도 아이의 변화에 대해 이야기하는 것입니다. 여러분과 아이, 아이의 선생님들 모두 약을 빠뜨렸을 때를 알아채게 됩니다. 또한 아이 스스로도 약으로 인한 변화를 인지하고 식별하게 되지요.

여러 연구들에 따르면 부모들과 교사들은 아이가 약물에 좋은 반응을 보이는지 아닌지에 대해 대개 의견이 일치하는 것으로 나타났습니다. 그러나 학교에서의 평가를 주시하는 것이 중요한데 왜냐하면 인지적인 요구가 많은 환경이나, 학교와 같이 과제 선택에 대한 권한이 적은 환경에서는 종종 ADHD 증상들이 더 많이 나타나기 때문입니다. 약물에 대한 효과를 확인하기 위해서는 치료 전과 후에 부모와 교사 그리고 청소년이 작성한 설문지들을 비교하는 것이 가장 일반적인 방법입니다. 때때로 신경심리학적 검사의 일부를 주기적으로 해보는 것이 약물 효과를 확인하고 용량을 미세하게 조정하는데 있어 도움이 됩니다.

Q48 어떤 종류의 각성제들을 이용할 수 있나요? 이들의 장점과 단점은 무엇인가요?

각성제들간의 가장 큰 차이는 이들 약물이 얼마나 오랫동안 지속되느냐와 관련이 있습니다. 이는 다시 말해 어떤 식으로 약물이 제형되었느냐와 관계된 것입니다. 또한 각성제에 따라 ADHD와 관련된 신경전달물질에 대한 효과에 있어 미세한 차이가 나타나기도 합니다(문항 46번에서 논의됨).

모든 의사들은 ADHD 약물들을 다루는데 있어 자신만의 고유한 방식이 있습니다. 즉 정해진 지침서가 있는게 아니지요. 많은 경우 약이 단시간 작용하는 형태로 처방을 시작한 다음 아이의 반응에 따라 장기간 지속시키는 방식으로 바꿉니다. 전형적인 방식에 따르면 치료 초기 리탈린과 덱세드린의 표준 용량은 하루 1번 5mg입니다. 주치의들은 부작용에 주의하면서 부모나 교사, 그리고 아이 본인한테서 얻은 보고를 통해 아이의 행동, 학업 수행력을 살피고 며칠마다 용량을 높일 것입니다. 적절한 유효량에 도달했다고 판단되면 의사들은 약물이 효과적으로 작용하는 시간의 정도를 확인할 수 있고 따라서 이에 필요한 요인들, 타이밍, 추가할 용량의 형태를 평가할 수 있습니다. 약효가 발휘되기까지의 시간, 최대 효과가 나타나는 시점, 효과 지속 시간에 있어 뚜렷한 개인차가 있습니다. 다시 말해 같은 용량의 동일한 약물이 아이마다 다르게 영향을 줄 수 있다는 것이지요.

일부 의사들은 특히 수업 시간이 길고 숙제가 많은 고학년 아이들에게는 장시간 효과가 지속되도록 바로 처방을 내리기도 합니다. 적절한 약물 용량은 리탈린의 경우 체중 1kg당 하루 1~2mg이며 덱세드린, 애더럴은 체중 1kg당 하루 0.5~1mg입니다. 일부 아이들은 약물을 빠르게 **신진대사**시키므로 고

신진대사(Metabolize) :
우리 신체가 약물에 대한 반응으로 일어나는 작용. 일부 사람들은 상대적으로 신진대사가 빠르고 반면 몇몇 사람들은 상대적으로 느림. 이는 동일한 효과를 얻기 위해서 사람들은 각기 다른 복용량이 필요하다는 것을 의미함.

용량이 요구됩니다. 반면 천천히 신진대사를 시킨다면 더 낮은 용량이면 되지요. 따라서 반드시 용량이 문제의 심각성을 반영해주는 것은 아닙니다. 아이가 고용량을 복용하고 이를 빨리 신진대사 시킨다면 평균 속도로 보통량을 신진대사 시킨 아이와 동일한 약의 분량이 아마 체내에 남아 있게 됩니다. 나이가 더 많고 체격이 큰 아이들이 반드시 고용량을 복용할 필요는 없습니다. 왜냐하면 아이들은 십대가 되면 신진대사가 느려지기 때문이지요.

일부 아이들은 리탈린에는 효과가 있으나 덱세드린에는 효과가 없을 수 있고 또는 그 반대가 될 수도 있기 때문에 처음 받은 약이 효과가 없다면 다른 종류의 약물을 복용해보는 것이 일반적으로 도움이 됩니다. 대개 아이들은 리탈린 또는 덱세드린에서 비슷한 효과를 보입니다. 그러나 약 25%에서는 특정 약물이 다른 것에 비해 더 효과가 좋기도 합니다. 같은 각성제라도 상품에 따라 동일한 아이에게서 서로 다르게 작용을 하기도 하지요. 따라서 하나 이상의 약물을 시도해볼 만한 가치가 있습니다.

■베스의 이야기:

제인은 수 개월 동안 각성제를 복용했고 정말 학교 생활에 있어 호전을 보였습니다. 그러나 아이는 약을 복용하면 자발성이 떨어지는 것 같다고 불평했죠. 진료를 받으러 갔을 때 주치의는 다른 종류의 각성제를 복용해보자고 제안했습니다. 제인은 즉각적이고 긍정적인 변화를 느꼈어요. 약을 바꾼 줄 몰랐던 제인의 아버지는 그 주간 내내 제인이 수다스럽고 떠들어댔는데, 그럼에도 주의 집중을 꽤 잘 한다고 이야기하였습니다.

아이가 약을 먹고 있다는 것을 학교 교원들이나 교사들에게 알릴 필요가 있지만 때때로 그들에게 말을 하지 않고 약물 치료를 시작하는 것이 도움이 될 수 있습니다. 약물에 대해 어느 한쪽으로 치우친 편견을 배제할 수 있기 때문이지요. 만약 아이가 학교 수업 시간 동안 약을 복용해야 한다면 양호 선생님의 도움을 받아야 하기 때문에 이런 약효를 확인하는 것이 불가능할지도 모르겠습니다. 그러나 학교에 가 있는 동안 약을 먹을 필요가 없다면 효과를 시험해볼 기회가 될 수 있습니다. 가장 좋은 것은 약물 치료를 시작하고 난 후 바로 선생님들이 아이가 이번 한 주 동안 현저히 달라졌다고 보고하는 경우입니다. 편견 없이 약효를 알아 볼 수 있는 또 다른 방법은 약 한 봉을 빼먹었을 때 아이의 행동과 학업 수행이 극적으로 안 좋아지는지를 살펴보는 것입니다.

아이가 ADHD 진단을 받은 시기가 약물 치료의 시작 계획에 영향을 줄 수 있습니다. 의사와 부모들은 봄에 처음 진단을 받은 아이들에게는 기말 시험에 대비하도록 하기 위해 약물 치료를 서두를 수 있고, 다음 학년을 준비하도록 하기 위해서 약물 시험 기간을 더 짧게 가질 수도 있습니다. 방학이나 여름 동안에 걸쳐 약물을 써보고 시도해볼 수 있으나, 이런 경우 약물 치료의 효과가 학교에서 어떻게 나타날지를 확실히 알기는 어려울 것입니다. 하지만 어떤 부정적 효과가 있는지 여부는 더 잘 발견할 수 있을 것입니다.

중요한 수업이나 일이 있을 때는 새로운 약물을 시도하지 말아야 합니다. 특별한 상황에서 약물에 적응하는데 있어서 전반적인 계획이 필요합니다. 예를 들어 아이가 일상적인 수업 때와는 다른 중요한 시험(예: 기말고사나 학습 능력 적성 시험(SAT))이 오전에 있다면 투약으로 도움을 받을 수 있습니다. 여러 차례의 시범 복용을 통해 진짜 상황을 가장해보는 것이 도움이 될 수 있지요. 오후에 있는 긴 시간의 기말 시험에 대해서는 미리 약물 조정을 계획할 필요가 있습니다.

여러 다른 종류들의 각성제들 각각은 나름의 장, 단점을 가지고 있습니다. 단시간 작용하는 각성제들은 더 융통성 있게 사용할 수 있습니다. 어떤 아이들은 잠에서 깨자 마자 약을 복용하기 위해 침대 머리맡에 단기간 작용하는 형태의 약물을 둘 수도 있습니다. 이 아이들은 아침 동안 집안에서의 일과를 제대로 하기 위해 이것이 필요하지요. 일부 고등학생이나 대학생들은 자신들의 다양한 스케줄에 따라 조절할 수 있는 단시간 작용하는 형태의 약물을 선호합니다. 그들은 장시간 효과가 있는 약물에 부가적으로 특정 시간(예. 아침 일찍이나 과제 시간)의 효과를 극대화시키기 위해 단시간 작용하는 약물들을 사용할 수 있습니다. 효과가 짧은 약물들은 효과가 긴 약물들에 비해서는 **반동효과**(약효가 사라짐에 따라 보이는 짜증, 침울함, 피로, 과잉행동)와 관련이 더 큽니다. 그러나 이런 반동 효과가 반드시 나타난다는 것은 아닙니다.

> ***반동효과(Rebound) :***
> 약효가 사라짐에 따라 나타나는 짜증, 침울함, 피로, 과잉행동.

중간 시간 정도로 작용하는 각성제들은 또 다른 종류로 이용하는데 있어 효과적입니다. 이들은 이른 오후 정도까지 효과가 지속될 필요가 있고 숙제가 그리 많지 않은 초등학생들에게 특히 유용합니다. 약효가 발휘되는 시간도 상대적으로 빠르며 반동 효과는 효과가 짧게 지속되는 약물들에 비해서 적습니다.

ADHD 아이들은 일반적으로 하루에 한번 효과가 오래 지속되는 약물들을 복용할 수 있습니다. 항생제를 열흘 먹는 것도 성가신 일인데 하루 한 번이기는 하나 매일 약을 복용해야 하는 것이 얼마나 힘들지 생각해 보세요. 약효가 오래 지속되는 약물들이 수업 시간 동안은 효과가 지속되나, 특히 늦은 저녁 때까지 공부를 해야 하는 고학년 학생들에게 있어 방과 후 숙제 시간까지 지속될 정도로 효과가 길지 않습니다. 그러나 약효가 긴 각성제들을 고용량 복용하면 효과가 더 오래 지속됩니다. 몇몇 아이들은 처음에는 약효가 오래 지속되는 형태의 약물을 필요로 하고 이후 오후 늦게나 저녁 공부 시간 동안 보완해주기 위해 오후 늦게 단시간 혹은 즉각적인 형태나 또 다른 장기 효과 형태의 약물을 복용할 필요가 있습니다. 숙제시간은 수업시간 보다 통제가 덜 필요하지만 어떤 아이들은 오히려 이런 때 실제로 수업시간 동안 복용하는 것 보다 더 많은 양의 약물이 필요하기도 합니다. 부모들이 일대일로 아이를 앉혀 놓고 공부를 시킬 때조차 약물은 이러한 과정들이 훨씬 순조롭게 진행되도록 합니다. 몇몇 아이들의 경우에는 약효가 단기적인 것과 장기적인 약물 둘 다를 아침에 복용해야만 하는데 이는 아이가 통학 버스에서 덜 충동적이 되도록 도와주고 학교 첫 수업 시간 동안 훨씬 집중을 잘하도록 해줍니다.

약효가 긴 약물들은 학업과 관련된 것 외에도 여러 장점들을 가지고 있습니다. 약을 복용했을 때 청소년들은 더 조심스럽게 운전을 하게 되지요(문항 97번에서 논의될 것임). 늦은 오후나 초저녁 동안의 각성제 효과는 충동성을 감소시키고 십대 청소년들이 말썽거리에 휘말리지 않도록 도와줍니다. 약효가 긴 약물의 또 다른 분명한 효과는 아이들이 약을 받으러 양호 선생님에게 갈 필요가 없다는 것입니다. 프라이버시가 보장되는 점은 초기 사춘기, 한창 예민할 시기에는 특히 중요합니다.

> 늦은 오후나 초저녁 동안의 각성제 효과는 충동성을 감소시키고 십대 청소년들이 말썽거리에 휘말리지 않도록 도와줍니다.

또한 약효가 긴 약물들은 일반적으로 단시간 작용하는 약물들의 효과가 갑자기 사라짐에 따라 일부 아이들에게서 보이는 반동 효과를 없애줍니다. 장시간 작용하는 약물들은 훨씬 천천히 약효가 발휘되고 또한 훨씬 완만하게 약효가 사라집니다. 효과가 오래 지속되는 약물들의 최대 그리고 최소 효과 시점은 각기 다릅니다(표3). 예를 들어 대부분의 경우 아침에 콘서타 대신 리탈린LA를 복용한다면 집에서보다 학교에서 더 잘 기능할 겁니다.

리탈린LA는 빠르게 효과가 작용하는 반면 오래 지속되지 않습니다. 콘서타를 복용하는 일부 아이들은 등교나 수업 첫 시간 동안에 도움을 주기 위해 콘서타와 더불어 단기 효과 약물을 복용할 필요가 있습니다. 그러나 아이가 콘서타를 복용하는 경우 행동 개선이 방과 후나 초 저녁 공부 시간까지 지속될 정도로 일반적으로 오랫동안 유지되지요. 리탈린LA나 애더럴XR는 방과 후 공부 시간까지 도움을 주기 위해선 단기적이고 즉각적인 효과가 나타나는 약물을 추가적으로 복용할 필요가 있습니다.

Q49 각성제들과 다른 ADHD 약물들은 여러 신경전달물질들에 어떤 영향을 주나요?

현재 ADHD 치료에 사용되는 약물들은 세 가지 주요 신경 전달 물질의 수준을 다르게 함으로써 대뇌 수준에 영향을 미칩니다. 결과적으로 이는 행동에 영향을 주는 것입니다. 그러나 생화학적 반응과는 대조적으로 행동적 반응을 설명해줄 수 있는 이유나 원인이 항상 존재하는 것은 아닙니다.

표 3. ADHD 치료에 일반적으로 사용되는 약물들

약물	약효가 나타나는 시점(분)	최대 효과 (시간)	평균 효과 지속 기간(시간)	1일 복용 횟수	권장 용량 범위(mg)
리탈린, 메타데이트, 메틸린, 포칼린	20–60분	2시간 (0.3–4)	3–6	2–3	리탈린은5–60mg 그러나 80mg도 사용됨; 포칼린은 일반적으로 리탈린 용량의 절반 정도임.
덱세드린, 덱스트로스테이트	20–60분	1–2 시간	4–6	2–3	5–40
애더럴	30–60분	1–2 시간	4–6	2	5–40
리탈린SR, 메타데이트ER, 메틸린ER	60–90분	5시간(1.5–8)	5–8	2	5–60
덱세드린spantule	60–90	3–4	6–8	2	10–40
리탈린LA, 메타데이트CD	30분–2시간	2번의 최대 효과(1–3시간, 6시간, 1.5 시간, 4.5시간	6–8	1–2	10–60
콘서타	30분–2시간	2번의 최대 효과(2시간, 6–8시간)	12시간; 용량을 높이면 효과 지속시간이 늘어남	1	18–54, 그러나 108mg까지 사용됨.
애더럴 XR	1–2 시간	2번의 최대 효과(2시간, 4–6시간)	10–12시간; 용량을 높이면 효과 지속시간이 늘어남	1	5–40, 그러나 60mg까지 사용됨.

주. 메틸페니데이트는 리탈린, 포칼린, 메타데이트, 메틸린, 콘서타를 총칭하는 이름임. 암페타민은 덱세드린, 애더럴을 총칭하는 이름임.

표 4. 여러 종류의 신경전달물질에 대한 약물들의 효과

	세로토닌	노르에피네프린	도파민
각성제			
리탈린			증가++++
덱세드린-애더럴	증가+	증가++	증가++++
스트라테라		증가+++	증가+
비각성제			
삼환계 항 우울제	증가++	제품에 따라 + 에서 +++ 정도로 증가	
웰부트린		증가++	증가++
이팩사	소량 복용하면 증가++	중간량 복용하면 증가 ++	고용량 복용하면 증가 ++
카타프레스, 테넥스		증가++	
세로토닌 선택적 재흡수 억제제(SSRI)	증가+++		

Q50 뇌에서 도파민의 기능은 무엇인가요?

도파민은 뇌에서 여러 방식으로 기능합니다. 특히 **운동 통제**에 있어 중요한 역할을 하지요. 예를 들어 운동 통제의 어려움을 주 증상으로 하는 파킨슨 병에서는 도파민 수치가 낮습니다. ADHD인 사람들이 보이는 과잉 활동은 비전형적인 도파민 작용이 영향을 준 것입니다. 도파민은 또한 보상 추구 행동들에도 영향을 미칩니다. 따라서 비정상적인 도파민 기능은 ADHD에서 보이는 충동성에 영향을 미치지요.

> ***운동 통제(Motor control) :*** 글씨 쓸 때 필요한 미세 운동 통제를 의미할 수도 있고 또는 걷기나 달리기 같은 운동 활동에 필요한 협응 능력인 대근육 운동 통제를 말할 수도 있음. 또한 운동 통제는 ADHD 아이들이 자신의 안절부절 못함을 통제할 수 있는 정도를 의미할 수도 있음.

소위 '쾌락 신경전달물질'이라 일컬어질 만큼 도파민 수준은 유쾌한 감정들에 영향을 미칩니다. 많은 일상적인 활동들이 뇌에서의 도파민 수준의 증가를 촉발시킵니다. 도파민은 일상적인 즐거운 활동, 예를 들어 좋은 책을 읽는 것, 음악을 듣는 것, 스포츠 활동을 하는 동안 방출됩니다. 또 다른 경우에도 도파민 뉴런들은 도파민을 방출하며 자연적인 긍정적 감정을 만들어 내지요. 약물 또한 도파민 방출을 일으킬 수 있습니다. 코카인은 매우 빠르게 뇌에서 도파민 수준을 높이며 이로 인해 소위 '황홀감'이 나타나게 되는 것입니다. 각성제들 또한(문항 45–48, 51–54에서 논의됨) 도파민 수준을 높이지만 즉각적이 아니라 수시간에 걸쳐 증가시킵니다. 이러한 도파민 방출 속도의 차이가 바로 극도의 황홀감을 일으키게 하는 도파민 수준의 증가(코카인)와 집중과 주의력을 증가시키는 도파민의 작용(각성제) 사이의 차이점입니다. 그러나 주의해야 할 것은 예를 들어 코로 흡입하거나 정맥 주사로 맞는 등 각성제를 처방된 방식과 달리 복용하면 이 또한 도파민 수준을 즉각적으로 높이며 황홀경을 경험하게 한다는 것입니다. 이러한 남용이 해로울 수 있으며 이 때문에 일부 부모들이 아이들에게 ADHD 약물을 주는 것을 걱정합니다. 그러므로 처방한 의사나 또는 약사의 지시를 잘 따르고 아이의 처방전 사용을 감시하는 것이 필요함을 잊지 말아야 합니다.

Q51 각성제의 부작용은 무엇인가요?

만약 각성제의 부작용이 나타난 경우라면 대개 불쾌하고 성가신 정도입니다. 부작용에 대한 연구들에서 각성제와 위약(약물이 들어 있지 않은 가짜 환약)간에 근소한 차이가 있을 뿐이었습니다. 이는 대부분의 경우 부작용들은 우연히 동시에 발생한 것일 뿐 약물 그 자체와는 실제로 관련이 없음을 뜻합니다. 부작용에는 두통, 어지럼증, 수면 문제, 복통, 식욕 저하 등이 포함됩니다. 이런 부작용들은 모든 사람들에게 나타나지는 않으며 실제로 대부분의 아이들에게 나타나는 것도 아닙니다. 설령 부작용이 있더라도 이는 일시적입니다. 심박수와 혈압이 경미하게 높아지는 경우가 간혹 있으나 건강에 위협이 될 만한 수준은 아닙니다. 그러나 주기적으로 심박수와 혈압을 체크해야 합니다.

식욕저하

각성제를 복용하는 ADHD 아동의 약 80%가 식욕이 감소하는 것으로 보고되었습니다. 하지만 흔히 이는 경미한 수준이며 주로 점심 식사 때에 국한되는 편입니다. 방과 후나 저녁 때 음식을 먹으면 아이들은 필요한 칼로리와 영양을 섭취할 수 있습니다. 드물게 방과 후 복용하는 약물들이 저녁 식사를 방해하기는 하나 식사 시간을 조금 변경함으로써 이를 대비할 수 있습니다. 아이가 건강에 좋지 않을 정도로 몸무게가 줄거나 살이 찌는 경우가 아니라면 식욕이 다소 감소하는 것을 심각하게 받아들이지 않아도 됩니다. 아이가 좋아하는 아침과 점심을 해주는 것이 무엇보다 중요하지요. 영양 상태보다는 즐겁게 밥을 먹도록 해주는 데에 더 신경을 써야 합니다. 어떤 아이들의 경우 특정 각성제를 복용할 때 식욕 감소를 더 경험할 수 있으므로 식욕 감소가 문제되는 경우라면 여러 약물들을 시도해보는 것이 좋습니다. 몸무게를 주기적으로 확인하는 것이 중요하고 비타민 보충제를 복용하는 것도 괜찮은 생각입니다.

성격변화

각성제로 인한 성격 변화는 좀처럼 드문 일입니다. 일부 아이들은 약물을 복용하면 자발적인 면이 떨어지기도 합니다. 어느 정도 그런 변화가 있는지, 아이와 부모가 이에 대해 어떻게 느끼는지, 약물이 얼마나 효과적인지 등을 고려하여 어떻게 할지를 결정해야 합니다. 때때로 다른 각성제로 바꾸는 것이 도움이 됩니다. 또는 다른 종류의 약물이 더 필요하기도 합니다.

선생님을 만족시키고자 멍하니 무기력한 아이가 되게 하는 것은 분명히 바람직하지 않습니다. 그러나 대부분의 아이들은 약을 복용하는 동안 성격에 있어 '원래 자신의 모습대로' 입니다. 간혹 아이들은 단지 특정 환경 아래서 자신의 성격에 영향을 미치는 약물의 효과에 대해 이야기하곤 합니다. 일부 아이들은 운동을 할 때 약물이 억제 시킨다고 느끼지만 다른 아이들의 경우 집중이 더 잘되기 때문에 자신의 수행을 향상시켜 준다고 느끼기도 합니다. 시기 적절하게 복용하는 약물들은 이러한 여러 문제들 대다수를 보완해줄 수 있습니다.

불면

ADHD 아이들의 약 3~85% 가량에서 불면증이 보고됩니다. 가끔 일부 아동들이 각성제의 부작용으로 인한 수면 문제를 호소하기는 하나, 많은 ADHD 아동들이 약물을 복용하기 이전부터 계속된 만성적인 수면 문제를 가지고 있습니다. 그러한 아이들의 대다수는 잠자리에서 조차도 가만히 안정을 취하는 것을 어려워하고 생각하기를 멈추는 것을 힘들어하는 것으로 보고되지요. 끝내지 못한 숙제, 흥미로운 TV쇼 프로그램, 비디오 게임, 반항 그리고 잠자는 것에 대한 두려움과 외로움 등이 수면을 방해하는 일상의 여러 요인들입니다. 이때는 행동 관리법이 유용합니다. 일부 아이들에게서 각성제는 산만한 생각들을 줄여줌으로 실제로 수면 문제를 감소시킵니다. 대다수의 아이들에게 적절한 오후 운동, 일관된 잠자리 패턴을 유지하는 것, 잠자리에서의 이완법들은 아이들이 잠을 자는데 도움을 주지요.

몇몇 연구에서 ADHD 아이들이 ADHD가 아닌 아이들에 비해 알레르기를 가지고 있을 가능성이 더 높은 것으로 나타났습니다. 알레르기가 있는 일부 아이들은 밤에 알레르기가 악화되기 때문에 잠드는 것이 어렵습니다. 때때로 취침 때 진정을 시켜줄 수 있는 알레르기 약을 먹는 것이 일석이조의 효과를 줍니다.

한 시간 이상 잠자는 것이 지연되면 피로해지기 마련이고 결국 낮 동안 지나친 졸음을 유발할 수 있습니다. 이는 아이의 주의력 문제를 더 악화시킬 수 있지요. 따라서 가끔씩 수면을 개선시키기 위해 약물이 필요합니다. 예를 들어 ADHD 치료 특히 과잉 행동을 위해 사용 되는 약물 중 하나인 클로니딘(clonidine)은 (문항 65번에서 논의될 것임) 취침 시 수면을 개선시키는데 유용합니다. 이는 각성제들과 조합하여 사용할 수 있지요. 밤에 잘 시간이라는 신호로서 뇌가 자연적으로 분비하는 호르몬인 멜라토닌(현재 제약회사들에 의해 제조가 되고 있는) 또한 수면을 돕기 위해 잠자기 한 시간 가량 전에 이용할 수 있습니다.

수면을 유지하는 것 또한 각성제를 먹든 안 먹든 ADHD 아이들에게 흔한 어려움 중 하나입니다. 야뇨증이 아이들을 깨게 할 수 있지요. 야뇨증은 정상 아동들보다 ADHD 아동들에게서 더 오래 지속되는 경향이 있습니다. 이 문제는 저녁 식사 후에 수분 섭취를 하지 않게끔 함으로 관리할 수 있습니다. 때때로 야뇨증 때문에 난처할 수 있는 상황들(예: 캠핑 가서나 외박 동안)에서는 약물이 필요하지요. DDAVP(현재 제약회사들에 의해 제조가 되고 있는)는 배뇨를 막기 위해서 뇌에서 분비되는 호르몬입니다. 자기 전에 코에 뿌리는 스프레이로 투여하게 됩니다.

우울증도 잠 드는 것과 일찍 깨는 것 모두에 어려움을 야기할 수 있다는 것을 유념하십시오. 우울증은 ADHD와 함께 공존 장애로 나타날 수도 있고 ADHD인 것처럼 나타날 수도 있기 때문에 이러한 가능성에 대해 면밀히 탐색해야 합니다.

성장

부모들은 각성제를 복용하는 자녀들의 성장을 잘 관찰해야만 합니다. 각성제가 아이의 발육에 영향을 주는지 아닌지는 논란이 있습니다. 종합적으로 볼 때 지금까지의 연구 결과들에서는 장기간의 영향들은 극소이며 임상적으로 의미가 있는 수준도 아닌 것으로 나타났습니다. 각성제 치료를 받는 아이들도 그들 부모들만큼 키가 큰다고 말하는 것이 공정할 수 있습니다. 그러나 아이의 신장을 규칙적으로 측정해야만 합니다.

대부분의 의사들이 각성제를 복용하는 아이들에 대해 규칙적인 혈액 검사를 하지 않으나, 일부는 하기도 합니다. 주치의는 아마도 아이에 대한 매년의 건강 검진을 통해 혈구수를 체크하고 혈액 화학 검사를 할 것인데 이것으로 충분합니다.

Q52 *틱이 있는 아이들도 각성제를 복용할 수 있나요? 각성제가 틱이나 뚜렛장애를 일으킬 수 있나요?*

ADHD와 틱 그리고 뚜렛장애는 아동기 때 꽤 흔한 문제들입니다. 항상 그런 것은 아닐지라도 확실히 가계를 통해 유전될 수 있고 동일한 유전자(들)에 의해 야기될 수 있습니다. 틱과 뚜렛장애는 ADHD 아동들의 50%가량에서 나타나며 뚜렛장애가 있는 아동의 20~90%에서 ADHD가 나타납니다(문항 37, 39, 40에서 논의됨). 각성제와 틱, 뚜렛장애간의 관련성을 제시한 이전 연구들 때문에 일부 사람들은 틱, 뚜렛장애가 있는 아이들에게 각성제를 사용하는 것이 최선의 방법인지 그리고 ADHD 아이가 각성제를 복용하는 동안 틱이 나타난다면 무엇을 해야 하는지에 대해 의구심을 가졌습니다. **위약** 비교, **이중 은폐**, **교차 연구**들 어디에서도 ADHD, 틱, 뚜렛을 가진 아이에 대한 각성제 치료로 인해서 틱 증상이 의미 있을 정도로 증가하지 않았으며 또한 애초에 틱, 뚜렛이 있는 아이들이나 각성제 치료 동안 틱이 나타난 아이들에 대한 추후 연구에서도 유의하게 틱 증상이 증가하지는 않았습니다. 틱 증상이 없던 아이들에게서 틱이 빈번해지거나 틱 증상이 나타나는 것은 여러 통제 연구들에서 위약 사용기간에도 상대적으로 빈번하게 나타납니다. 이는 위험 요인이 있는 아이들에게는 새로운 약을 복용하는 것 같은 미세한 환경의 변화들조차 특정 반응을 일으킬 수 있다는 것을 말해줍니다. 틱이나 뚜렛장애 2~3년 전에 ADHD가 나타나는 경향이 있기 때문에 일부 사람들은 틱이나 뚜렛장애가 나타나는 경우 이것을 ADHD와 뚜렛장애가 공존한다고 보기보다는 ADHD를 치료하기 위해 사용되는 각성제로 인한 것이라고 잘못 오해하기도 합니다. 각성제를 복용하는 아이에게서 틱이 나타났을 때 이들은 상대적으로 경미하며 종종 일시적인 편이라 각성제 복용을 그만둘 필요가 거의 없습니다.

> ***위약(Placebo) :***
> 피험자들이 단지 약을 먹는 행동 자체에 반응하는 것인지 아니면 시험하고 있는 약물에 반응하는 것인지를 확인하기 위해 임상 시험에서 사용 되는 '설탕 약'.
>
> ***이중 은폐(Double blind) :***
> 피험자뿐 아니라 연구자도 피험자가 약물을 복용하는 것인지 위약을 복용하는 것인지 알지 못하게 하는 연구법.
>
> **교차 연구(Cross-over study) :**
> 피험자가 연구 기간 일부 동안은 특정 치료를 받게 하고 다른 기간 동안은 또 다른 치료를 받게 하는 연구 방법. 대개 하나는 실제 시험하고 있는 약물을 복용하고 다른 경우에는 위약을 복용함.

철저한 임상 연구들, ADHD와 틱, 뚜렛장애간의 유전적 관계에 대한 증가된 지식, 틱과 뚜렛장애의 발달 경로에 대한 정확한 이해에도 불구하고 각성제를 복용하는 ADHD 아이들에게서 틱과 뚜렛장애 관리가 항상 명확한 것은 아닙니다. 드물게 각성제를 복용할 때 유의하게 틱 증상이 증가하는 아이들도 있습니다. 때때로 상태의 악화는 각성제 용량과 연관이 있고, 따라서 용량을 낮춤으로 그런 문제들을 처리할 수 있습니다. 또는 특정 각성제 사용 후 유의하게 틱이 증가하나 다른 각성제에서는 그렇지 않기도 합니다. 덧붙여 틱, 뚜렛장애와 ADHD를 가지고 있는 아이들 중 일부에서는

> ***바이오 피드백(Biofeedback) :*** 일반적으로는 잘 지각하지 못하는 개인의 생리적 반응들에 대한 피드백을 제공하기 위해 모니터를 하는 치료 방법. 이 과정을 통해 불수의적인 신체 반응들을 통제하기 위해 자신의 사고와 다른 정신적 활동들을 조절하는 법을 배울 수 있음.

각성제로 치료 받을 때 틱이 사라지는 경우도 확실히 존재합니다. 드물게 틱장애 치료제의 추가 복용이 필요하거나 또는 각성제를 끊어야 할 정도로 틱 증상이 심한 경우도 있습니다. 뚜렛장애와 ADHD를 가진 아이들에 대한 한 최근 연구에서 학업적인 면을 포함하여 모든 영역에 있어 가장 좋았던 예후는 각성제와 틱장애 치료제 모두를 투약 받은 집단에서 나타났습니다(클로니딘, 문항 65번에서 논의될 것임). 개인 심리 치료나 **바이오 피드백**(혹은 둘 다) 또한 ADHD와 틱, 뚜렛장애를 가진 아이들의 증상을 치료하는데 있어 유용합니다.

Q53 *미취학 아이들도 각성제를 복용할 수 있나요?*

그렇습니다. 의사들은 ADHD인 취학 전 아이들을 치료하기 위해 각성제를 사용할 수 있습니다. 확실히 어린 아이들에게 있어서는 약물의 득실을 특히 철저하게 평가해야만 합니다. 한편으로는 취학 전에 ADHD 진단을 받는 아동들은 그만큼 더 심각한 문제가 있다는 것이고 따라서 훨씬 더 개방적으로 약물치료가 이뤄져야 한다고 볼 수도 있지요. 취학 전 아이들에게 용인되는 행동의 범주들이 분명히 더 넓기 때문에 그 또래 집단 내에서 눈에 띄는 아이들은 일반적으로 심각한 문제를 가지고 있는 것입니다. 반면에 미취학 아이들에게서 수용되는 행동의 범주가 더 관대하기 때문에 정확한 진단을 내리기가 더 어렵기도 하지요. 어린 아이들에게 경솔히 약을 사용해서는 결코 안 됩니다. 취학 전에 ADHD였던 것 같은 아이들의 일부는 초등학교에 가서는 더 이상 진단 기준에 부합되지 않습니다. 그러므로 약을 복용하는 취학 전 아이들에 대한 세밀한 추후 평가는 필수적입니다.

어떤 연구들에서는 나이가 많은 아동들과 동등한 수준의 치료 반응을 보인다고 주장했지만 또 다른 연구들에서는 취학 전 아동들은 각성제 치료에 대해 반응이 덜 하고 부작용이 더 많은 것으로 나타났습니다. 아마도 나이가 어린 아이들의 경우 기분 및 불안, 품행 장애와의 공존률이 높기 때문에 상태를 더 복잡하게 만들고 이들의 치료를 더욱 어렵게 만드는 것 같습니다. 취학 전 아이들은 과잉 행동이 더 주요한 증상이며 주변에서 요구하는 주의 집중 정도가 학령기 아이 정도는 아니기 때문에 클로니딘이나 구안파신 같은 약물들이 학령전기 아이들의 ADHD를 치료하기 위해 종종 사용되곤 합니다. 각성제와 달리 이들 약물들은 과잉, 충동 행동들에 가장 두드러진 효과가 있으며 주의 집중력 자체에는 효과가 덜합니다.

Q54 각성제가 사회 기술을 개선시켜 주나요?

그렇습니다. 향상된 사회적 상호 작용들이 약물 복용에 따른 중요한 이점입니다. ADHD 아이들은 종종 또래 아이들 사이에서 두드러지게 드러나지요. 선생님들뿐 아니라 또래 아이들도 알아 챕니다. 또래 아이들은 이들 옆에 앉기를 원치 않고 친하게 지내려 하지 않습니다. 여러 연구들에서 각성제를 복용하는 ADHD 아이들이 그렇지 않은 아이들에 비해 훨씬 인기도 있고 호감 있는 것으로 나타났습니다. 대인 관계 영역에서 또래들로부터 좋은 평가를 받는 것은 이후 인생의 성공에 대한 훌륭한 예측 인자입니다. 따라서 ADHD 아이들의 사회 능력을 향상 시켜주는 것은 앞으로의 그들의 미래에 대한 투자이며 이 부분에 있어서 약물들이 도움이 됩니다.

일반적으로 생각할 때 사회 기술이나 부모의 말에 순응하는 태도는 구체적으로 가르쳐야만 하는 것이지만, 미국 국립 보건원(National Institute of Health)이 지원한 ADHD 아이들에 대한 다중 치료 연구 결과들에 따르면

(문항 45번) 많은 경우 약물이 ADHD 증상들을 완화시켜줄 때에야 아이들이 이러한 능력을 획득할 수 있는 것으로 나타났습니다. 이는 ADHD의 핵심 증상들(예: 충동적이나 과잉 행동적으로 되는 것)이 특정 사회 기술들을 학습하는 것을 방해함을 시사해줍니다. 그러므로 약물은 전에 약물 치료의 목표로 고려되지 않았던 영역에 대해서도 많은 아이들에게 도움을 주게 됩니다.

Q55 우리 아이에게 각성제를 어떻게 줘야 하나요?

서방형 제제들을(리탈린SR, 리탈린LA, 메타데이트ER, 메타데이트 CD, 메틸린ER, 콘서타, 애더럴XR, 덱세드린spantule) 부수거나 아이에게 씹어 먹게 해서는 안 됩니다. 전체 알약을 물이나 다른 음료들과 함께 삼켜먹어야 합니다. 이들은 약물이 천천히 몸에 방출되도록 고안되어 있습니다. 그러나 아이가 알약을 삼킬 수 없다면 약을 개봉하여 상온의 음식 한 숟가락 위에(예: 사과소스) 뿌려서 먹을 수 있는 특정 제품들이(리탈린LA, 메타데이트 CD, 애더럴XR 캡슐) 있습니다. 그 분말을 즉시 먹어야 하고 나중을 위해 남겨두면 안 됩니다. 의심스러운 점이 있다면 약사에게 문의하십시오.

음식 섭취는 약물이 작용하기 시작하는 시간에 영향을 줍니다. 일부 각성제들은 다른 약물들에 비해서 음식에 영향을 더 많이 받습니다. 콘서타는 음식에 의한 영향을 가장 적게 받습니다. 다른 중기 혹은 장기 지속 약물들은 고단백 식사나 감귤류로 인해 배가 부른 상태에서 훨씬 천천히 작용하기 시작하지요. 그러므로 여러분은 좋은 아침 식사냐 약물의 효과가 발휘되는 시간이냐 사이에서 절충점을 찾아야만 합니다. 일반적으로 가장 좋은 방법은 식전이나 동시에 혹은 식후에 매일 동일한 방식으로 약을 복용하는 것입니다.

아침에 복용하는 약효 빠른 약물들은 아이가 즉각적인 과제들에 집중하도록 돕는데 있어 중요합니다. 이 닦기, 옷 입기, 가방 싸기 같이 아침에 해야 하는 소소한 일들은 ADHD 아동들이 완수하기에 극단적으로 지겹고 어려운 일일 수 있지요. 약물은 이런 일들을 제때 해낼 수 있도록 도와줄 수 있습니다. 각성제들은 또한 비구조화된 상황들에서 도움이 됩니다. 예를 들어 통학 버스는 일반적으로 아무 통제도 없는 비구조적인 상황입니다. 게다가 ADHD 아이들은 특수 교육을 필요로 하는 학습 문제를 가지고 있기 때문에 먼 거리의 학교에 다녀서 통학 거리가 길 수 있지요. 효과적인 약물 치료는 이러한 상황들에서 도움이 될 수 있습니다.

자녀가 한 회 분량의 약을 빠뜨렸다면 여러분이 이를 기억하자마자 빼먹은 양을 자녀에게 주어야 합니다. 그러나 다음 약 복용 때가 다 될 때까지 기억을 못했거나 이미 저녁 때가 됐다면 빠뜨린 양은 넘어가고 다음 번부터 규칙적으로 복용해야 합니다. 의사가 하라고 하지 않는 한 2회 분량의 약을 아이에게 주어서는 안 됩니다.

우연히 아이에게 약을 너무 많이 줬거나 또는 아이가 고의든 아니든 약을 과용했다고 생각된다면 즉시 의사에게 가야 합니다. 아이가 확인할 수 없는 양을 먹었다면 즉시 의학적 도움을 구해야 합니다. 1993년부터 1999년까지 약 13,000건의 과용 사례가 약물 중독 센터에 보고되었고 이중 2,500건이 1999년도에 일어난 것입니다. 처방 빈도가 증가할수록 리탈린 과용 비율도 나란히 증가하고 있습니다. 아이들 대다수는 별다른 문제가 없거나(60%), 미미한 문제를 경험할 뿐으로(30%) 치명적인 사례는 없습니다. 과용의 가장 흔한 이유는 13세 이하 아이들은 실수로 인한 것이며 청소년들은 자살 시도로 인한 것입니다. 청소년들은 부작용을 경험할 가능성이 더 높고 입원을 요할 경우가 더 많고 심각한 합병증을 겪을 소지가 더 높습니다.

각성제 과용에 따른 증상에는 흥분, 떨림, 근육 경련, 발작, 정신 착란, 환각, 발한, 홍조, 두통, 빠르거나 불규칙적인 심박, 동공 확장, 입 마름이나 안구 건조 등이 있습니다. 치료에 필요한 용량과 이러한 증상을 야기시키는 용량 간의 차이는 꽤 큽니다. 2회분 복용으로 이런 과용량에 따른 증상들이 나타날 가능성은 없는 편입니다.

Q56 우리 아이가 ADHD 약을 복용하려 하지 않으면 어떻게 해야 할까요?

부모들은 ADHD 자녀들에게 장애의 특성과 왜 이것을 치료하는 것이 중요한지에 대해 진지하게 설명해줄 필요가 있습니다. 부모들은 매일 약을 복용하는 것이 필요한 천식이나 당뇨 같은 다른 만성 질환들과 ADHD를 비교해줘야 합니다. 약을 안경이나 부목, 혹은 알레르기 약에 비유해주고 아이에게 약물이 학교에서 수행을 잘 하고 친구들과의 문제를 줄여주고 일상 생활을 더 잘 해나가도록 도와주니 다행이라는 것을 일깨워주도록 해야 합니다. 아이의 주치의도 아이에게 마찬가지로 이야기해야만 합니다. 약물 치료에 대해 자신이 일부 통제권을 가지고 있다고 느끼게끔 초반에 시험적인 계획을 자녀와 함께 짜보는 것도 치료 시작에 도움이 됩니다. 그렇게 한 후, 약물이 효과가 있다면 그때부터는 아마 이런 저항은 토론을 통해 해결해 나갈 수 있을 것입니다. 만약 그렇지 못하다면 ADHD 아동이나 학습 장애를 전문으로 하는 상담가에게 아이를 데려가는 것을 고려해야 할 것입니다. 치료에 대한 저항은 남들과는 '다른' 존재가 되는 것에 대한 두려움에서 기인할 수도 있고 상담을 통해 해결될 수 있는 다른 정서적 문제들에서 나온 것일 수도 있습니다.

부모 스스로 흥분하지 않고 차분한 태도를 유지하며 약물 치료를 말다툼 거리로 만들지 않는 것이 중요합니다. 아이에게 약물은 부모도 선생님도 아닌 자기 자신에게 도움을 주기 위해 복용하는 것임을 확실히 이해시키십시오. 아이가 약을 먹어야 하는지 말아야 하는지 부모 스스로가 불안을 느낀다면 아이는 쉽게 감지하게 됩니다. 이는 아이에게 무기가 되어서 서로간 의견 충돌이 있을 경우 심지어 전혀 관련 없는 주제로 말다툼이 시작되었을 때에도 이를 공격 수단으로 삼아 갈등이 고조될 수 있습니다. 특히 부모의 통제로부터 더 많은 자율성을 얻으려고 애쓰는 청소년들에게 특히 더 그렇습니다.

Q57 *아이에게 약을 먹인다는 것이 몹시 걱정이 됩니다. 우리 아이가 각성제에 의존하게 되거나 중독될 수 있는 건가요?*

감기나 기침 같은 사소한 경우조차도 자신의 자녀에게 약을 먹이는 것을 선뜻 원하는 부모는 없을 것입니다. 그러나 아이가 의학적으로 문제가 있다면 실질적으로 효과적인 유일한 치료 방법은 약물입니다. 만약 여러분의 자녀가 패혈성 인두염에 걸렸다면 여러분은 흥분하는 것이 아니라 항생제를 쓸 것입니다. 왜냐하면 의학적으로 그러한 상태에는 항생제가 필요하기 때문이죠. 각성제에 대한 부정적인 언론 보도와 이들이 여론에 미친 영향으로 인해 불행히도 ADHD 아동들의 절반 정도가 적절히 치료 받지 못하고 있습니다.

> 대부분의 부모들과 의사들은 아이의 어려움이 일상 생활에 있어 심각한 문제들을 초래할 경우에만 약물을 사용합니다.

약물 치료 지지자들은 리탈린과 관련 처방 약물들이 가장 널리 연구된 약물들 중 하나이며 적절히 상태를 점검해 나간다면 매우 안전하다고 주장합니다. ADHD를 제대로 치료하지 못하는 것은 발달 과정을 지연시키고 그 때문에 낮은 자존감, 대인 관계 문제, 학습에 있어서의 어려움의 가능성을 증가시킴으로써 문제 상황을 악화시킵니다. 약물 치료 반대자들은 각성제 사용의 증가는 의사들이 제약회사들로부터 더 많이 약 처방을 하도록 압력을 받았기 때문이거나 약물 치료가 포함되지 않은 다른 대안적인 치료 방법을 모색하는 시간(혹은 의지)이 없는 의사나 부모들에 의한 것이라고 주장합니다. 심지어 어떤 사람들은 커가는 아이의 에너지를 감당하고 싶지 않은 부모들이 차라리 '아이를 진단 받게끔'하고, 아이의 에너지를 스포츠나 다른 신체 활동을 통해 분출되게 하기보다는 진정시키려고 약을 먹일 수 있게 되었다고 주장하기도 하지요. 불행히도 이러한 생각들은 ADHD가 단지 아이의 자연적인 에너지나 혈기 왕성함의 산물이거나 혹은 관심을 끌고자 하는 바램에 의한 것이 아니라 생화학적인 문제라는 것을 이해하지 못하는 데서 기인합니다. 대부분의 부모들과 의사들은 아이의 어려움이 일상 생활에 있어 심각한 문제들을 초래할 경우에만 약물을 사용합니다. 가장 중요한 핵심은 신경전달물질이 불균형적인 상태라면 원기 왕성한 강아지에게 하듯 여러분의 자녀를 단순히 길들일 수 없다는 것입니다. 행동을 바꾸기 위해서는 뇌의 화학적 불균형 문제를 다루어야 하고 이를 위해서 약물이 필요한 것입니다.

약물은 극적인 효과가 나타나기 때문에 부모들은 약물을 사용하는 것에 대해 꽤 수용적으로 바뀌게 됩니다. 대부분의 연구들에서 아이나 청소년들은 약을 복용하는 것에 대해 별 무리가 없다고 느끼는 것으로 나타났습니다. 물론 아이들은 가족들로부터 어느 정도 영향을 받게 됩니다. 여러분이

ADHD를 당뇨처럼 의학적 치료가 필요한 의학적 문제로 지각한다면 여러분의 자녀들 역시 그럴 것입니다. MTA 연구 목표 중 하나는 약물 치료를 여러 다른 형태의 치료들과 비교하는 것이었습니다. 행동치료를 함께 받든 그렇지 않든 연구자들에 의해 전문적으로 관리되는 약물 치료를 받았던 아이들은 집중적인 행동 치료만 단독으로 받았던 아이들에 비해 훨씬 치료 효과가 좋았습니다. 생화학적 문제가 있을 때 실질적으로 약물을 대신할 만한 것은 없는 셈이죠.

부모들은 종종 ADHD 아이에게 약을 먹일지 말지를 결정해야 할 때 당황스럽기 마련입니다. 다음의 질문들을 생각해보면 여러분의 자녀에게 무엇이 최선인지를 알아내는데 도움을 받을 수 있습니다. 이 질문들 중 일부는 의학적 전문가에 자문을 구하지 않아도 해답을 내릴 수 있는 것들입니다. 나머지들은 아이 양육에 관여된 여러 전문가들과(예: 교사, 상담가, 심리학자, 또는 의사) 상의를 해야 할 것입니다.

- 어떤 행동들이 걱정스러운가?
- 이런 행동들은 통제할만한 것들인가? 가정에서? 학교에서?
- 이러한 행동들은 아이의 기능을 방해하는가? 가정에서? 학교에서? 친구들 사이에서?
- 학교는 어떤 행동들에 대해 걱정스러워하는가? 이는 공부에 영향을 주는가? 이 행동들은 대인 관계에 영향을 주는가?
- 아이의 안전이 염려스러운가?
- 아이나 당신의 가족, 당신은 어떤 종류의 접근이나 치료법이 편한가?
- 약물 치료의 위험 요인에는 무엇이 있나?
- 약물 치료를 하지 않을 때 위험 요인은 무엇인가?
- 아이가 약을 복용한다는 것에 대해 아이, 당신의 가족, 당신은 어떤 느

낌이 드는가?

많은 부모들이 자녀들에게 각성제를 줌으로써 약물을 복용하는 것을 가르치게 된다고 걱정합니다. 그러나 더욱더 많은 연구들에서 ADHD를 가지고 있으나 치료를 받지 못한 아이들이 약을 복용했던 아이들에 비해 불법적인 약물을 남용할 가능성이 더 높은 것으로 나타났습니다. 게다가 약을 복용할 때 아이는 덜 충동적이 되고 더 잘 집중하게 되고 사회적으로 훨씬 조심성 있게 됩니다. 아이는 실질적으로 불법적인 약물을 하지 않게끔 더 잘 준비가 되는 셈인데 왜냐하면 충동적으로 행동하기 보다 잠시 멈추어 신중하게 행동의 결과들을 살펴볼 수 있게 되기 때문입니다.

많은 연구들에서 ADHD를 가지고 있으나 치료를 받지 못한 아이들이 약을 복용했던 아이들에 비해 불법적인 약물을 남용할 가능성이 더 높은 것으로 나타나고 있습니다.

이는 ADHD에 사용되는 각성제들이 남용될 리 없다고 말하는 것은 아니나, 각성제 남용이 극적으로 증가하고 있다는 증거도 없는 상태입니다. 14,000 명의 고등학생에 대한 조사 결과 이들의 5% 정도가 ADHD 때문에 각성제를 복용하는 것으로 나타났습니다. 그 중 15%는 그들 약의 일부를 다른 사람에게 준 적이 있다고 보고하였고 7%는 약의 일부를 판 적이 있었고 3%는 약을 양도하라고 강요 받은 적이 있던 것으로 보고되었습니다. 각성제 남용은 접근성과 연관되어 있습니다. 즉, 학교에 ADHD 때문에 각성제를 복용하는 아이들이 많아질수록 이를 남용할 아이들도 증가하는 것이지요. 그러나 단지 약물이 남용될 수 있다고 해서 이를 필요로 하는 아이들에게 약을 주는 것을 중단 할 수는 없는 노릇입니다. 오히려 우리는 이러한 문제를 최소화시키기 위해 면밀하게 감시를 해야만 합니다. 여러분들은 자녀들에게 거절하는 법을 가르치거나 학교 당국에(많은 학교들은 이미 이런 위험 요소를 제거하기 위해 적어도 학교 내에선 양호 교사를 통해서 약이 제공되도록 하고 있습니다) 보고하도록 함으로써 아이가 또래들의 압력을 잘 처리하도록 도울 수 있습니다. 그 밖에도, 아이들은 의사나 부모가 약알을 센다고 핑계를 댈 수 있습니다. 각성제에 대한 특별한 처방전들은 다양한 임상가들에 의해 내려진 처방 회수와 그 처방전이 누구를 위해 쓰여진 것인지를 중심부에 기록하도록 되어 있습니다. 일부 주에서 의사들은 만약 처방 약물이 오용되고 있음을 발견했다면 경찰에 알리도록 법적으로 의무화되어 있습니다.

게다가, 각성제는 쉽게 남용되지 않습니다. 경구 복용 시 각성제는 이를 ADHD 치료를 위해 복용한 사람과 마찬가지로 이를 남용한 사람에게서도 (비록 정도가 덜 하기는 하지만) 주의 집중에 있어 동일한 효과를 보입니다. 일반 용량보다 과용하게 되면 흥분이나 불안을 야기할 수 있습니다. 심장 두근거림이 나타나기는 하나 그렇다고 '황홀감'을 얻지는 못합니다. 극단적으로 많은 양을 지속적으로 복용한다면 각성제는 환각과 피해 망상적 행동을 일으킬 수 있습니다. 여러분이 예를 들어 밤을 새워야 하거나 과제를 끝내기 위해 집중력과 주의력을 높이려 하는 것이 아닌 한 이 약물들을 과용할만한 실질적인 이유는 없습니다. ADHD 아이들은 숙제를 마치기 위해 밤늦게까지 있어야 하지만 깨어 있으려고 밤 늦게 각성제를 복용하지는 않는 편입니다. 오히려 때때로 이들은 정작 약을 먹어야 할 때 복용하지 않습니다.

왜 이들 약물들이 중독되지 않는지를 이해하기 위해서는 각성제의 효과를 점차 남용되고 있는 코카인의 효과와 서로 비교해보면 도움이 될 것 같습니다. 코카인은 뇌의 도파민 농도를 급격하게 증가시키기 때문에 격정적이고 쾌락적인 황홀 상태를 야기하는 효과가 나타나는 것입니다(문항 50번에서 논의됨). 마약 사용자들이 코카인을 들이마시거나 주사로 주입함으로 이런 효과가 나타나는 것인데 이럴 경우 약물이 혈류로 빠르게 흡수되어 뇌로 신속하게 이동되기 때문이지요. 그러나 각성제들은 경구로 투입됩니다. 이들은 혈류에 점진적으로 흡수되고 뇌에서 천천히 증강됩니다. 비록 이들 약물이 (코카인처럼) 도파민을 방출하지만 훨씬 더 느린 속도로 진행이 됩니다. 도파민의 증가 비율이 바로 황홀경 상태를 만드는지 아닌지를 결정짓는 것이며 코카인에 중독되게 만드는 것은 이 황홀경 상태입니다. 만약 각성제 제제를 부수고 이를 코로 흡입하거나 주사로 주입한다면 뇌의 도파민 수준이 매우 빠르게 증가하여 황홀경 상태를 맛볼 수 있을지도 모릅니다. 여러분은 아마도 심리적으로 의존적이 되거나 심지어 신체적으로도 '상상 중독'이 될 수 있을지는 모르겠습니다. 물론 진정 황홀경을 얻고 싶다면야 본드, 시너, 가솔린을 코로 들이 마심으로써 가능합니다. 결국 핵심은 적절히 쓰여지고 처방 받은 약물이라면 자녀에게 위험이 되지 않는다는 것입니다.

> 적절히 쓰여지고 처방 받은 약물이라면 자녀에게 위험이 되지 않습니다.

또 다른 염려 중의 하나는 각성을 시키는데 있어서 덱세드린 같은 암페타민제들 사이의 관련성에 관한 것입니다. 거리 약물로 팔리는 메탐페타민(진짜 흥분제 마약)은 덱세드린과 같은 각성제와 화학적으로 유사점을 가지고 있습니다. 마치 코데인(진통, 수면제)이나 모르핀(마취, 진통제)과 같은 아편 파생물들이 헤로인과 공유되는 특성들이 있지만 분명히 같은 약물이 아닌 것처럼, 모든 암페타민제들은 일정 부분의 생화학적 특성들을 서로 공유하고 있습니다. 그러나 흥분제 마약과 각성제의 남용 가능성에는 서로 차이가 있습니다. 오히려 구강 메탐페타민의 남용 가능성은 상대적으로 낮은 편입니다. 정상 집단에서 메탐페타민의 각성 효과를 살펴본 연구에서 단지 2명만이 자신의 상태에 대해 긍정적으로 평가했습니다('약효가 좋은 것 같은 느낌이 든다', '기분 좋은 느낌이 든다'). 이들이 이런 각성을 경험한 것은 단지 실험 첫날에만 그쳤습니다. 약물 사용 셋째 날에 이르자 피험자들은 다양한 부정적 반응을 보고했습니다('해로운 약효', '어지러움', '감기 기운'). 수면과 식욕 저하 또한 부분적으로 나타났습니다. 가장 강력한 제제인 메탐페타민을 비롯하여 경구로 복용하는 암페타민은 지속적인 황홀경 상태를 만들어내지 않습니다. 암페타민은 황홀경 상태에 도달하기 위해서는 들이 마시거나 주사로 주입해야만 합니다. 그것이 약물이 뇌에 빨리 도착하는 유일한 방법입니다.

아이가 학교에서 수행에 도움을 받고 ADHD 증상을 이겨내기 위해 각성제에 의지하게 될지도 모릅니다. 그러나 각성제에 신체적으로 **의존**하게 되거나 중독되지는 않습니다. ADHD 아이들은 아무런 신체적 악영향이 없는 '휴약기(drug holidays)'를 (문항 60번에서 논의될 것임) 가질 수 있습니다. 진짜 약물 의존은 약물에 대한 신체적인 욕구가 발생합니다. 즉, 약물 복용을 멈추면 **금단** 증상이 나타나지요. 이는 황홀경 상태를 만들어내는 마약들뿐 아니라 처방되는 일반 약물들에도 마찬가지입니다. 그러나 약물이 적절히 사용된다면 각성제에 대해 신체적으로 의존하게 되지는 않습니다.

의존(Dependence) :
반복해서 남용한 약물에 대해 신체적 갈망을 보이며 약물 복용을 중단했을 때 금단 증상이 나타나는 것.

금단(Withdrawal) :
갑자기 의존된 약물을 중단 했을 때 보이는 심리적 신체적 반응.

Q58 아이에게 ADHD 약물 치료를 시작해야 하는 적절한 때를 어떻게 알 수 있나요?

어린 아이들의 경우 부모에게 이를 알려주는 사람은 일반적으로 선생님입니다. 학교로부터 연락을 받거나 학부모 회의에서 압력을 받고 있음을 느낀다면 진지하게 약물 치료에 대해 고려를 해볼 때인 것입니다. 아이가 과잉 활동적이고, 충동적이고, 쉽게 주의 산만해지고 또는 부주의 하다는 선생님의 평가가 있다면 소아 정신과 의사나 또는 다른 의학 전문가들을 찾아가 상의를 해볼 만한 상황입니다. 이는 학교 시스템을 통해서건 개별적으로 개업 심리학자를 통해서든 정식 평가가 필요한 시점입니다. 여기에는 주의력에 대한 표준화된 설문지 평가나, 지능, 학업 성취, 정서적 상태를 평가하는 공식적인 신경심리학적 검사가 포함될 수 있습니다.

더 나이가 든 아이들의 경우 자신의 ADHD 관련 증상들을 나름대로 처리해나가면서 수년 동안 그럭저럭 견뎌왔을 수 있습니다. 하지만 만약 아이들 성적이 떨어지기 시작하고, 숙제를 계속 빼먹고, 점차 부주의해지고, 또는 학교 숙제를 하는데 터무니없이 시간이 많이 걸린다고 느껴지기 시작할 무렵에는 ADHD 가능성을 고려해야만 합니다. 다시 말해 아이의 선생님, 소아 정신과 의사 또는 다른 전문의들과 상의를 해야 할 상황이고 평가를 받아야 할 때인 것입니다.

진단이 불확실하면 약물 치료를 결정하는 것이 더 힘들어질 수 있습니다. 현재까지는 ADHD에 대한 생물학적 지표가 존재하지 않기 때문에 어느 정도까지는 진단이 절대적이기 보다는 그럴 가능성이 높다는 의미라 할 수 있지요. 약물 치료에 대한 논의는 ADHD가 아닌 아이에게 약을 주는 것이 진짜 ADHD인 아이에게 약을 주지 않고 보류하는 것 보다 더 부적당한 것인지 아닌지에 따라 결정지어지기도 합니다. 각성제는(문항 45~48에서 논의됨) 매우 빠르게 작용합니다. 그러므로 여러분은 1~2주 내로 약물이 효과가 있는지 아닌지 대개 알아낼 수 있습니다. 따라서 매우 신속하게 해답을 찾을 수 있기 때문에 약물 치료로 인한 위해는 나타나지 않습니다. 약물이 도움이 된다면 그에 따른 반응은 극적입니다. 일반적으로 여러분들의 의혹은 빠르게 사라지게 될 것입니다.

약물을 사용하는 것에 대한 결정을 즉석에서 내릴 필요는 없습니다. 여러분과 약물에 대해 논의를 하는 전문가들은 약물의 장, 단점에 대해 설명을 할 것입니다. 그런 다음 집에 가서 여러 자료를 읽어보면 됩니다. 수많은 책과 인터넷 자료들이 ADHD에 대해 설명해줄 수 있습니다. 여러분의 배우자, 가족, 특히 자녀가 여러 선택 사항들을 고려할 수 있을 정도로 컸다면 자녀도 포함해서 모두와 의논하도록 하십시오.

교사와 다른 학교 관계자들이 여러분의 아이가 약을 먹어야 한다고 권유할지라도 그들이 약을 처방하거나 아이에게 이를 강요할 수는 없습니다. 각성제 처방에는 엄격한 법률이 적용됩니다. 일부 학교 제도들은 학교가 적절한 수준에서 개입할 수 있도록 규정된 지침을 가지고 있습니다. 그러나 약물 치료를 권한 것이 선생님이라고 해서 교사들이 단지 교실 안에서 조용하고 유순한 아이가 되길 원해서 그런 것이라고 가정하지는 말아야 합니다. 그보다는 진심으로 여러분의 아이에게 마음이 쓰이는 것이겠죠. 약물 치료를 하기로 했다면 학교에 알려야 합니다. 교직원은 아이가 복용하는 약물에 대해 알 필요가 있고 그래야만 긴급한 건강상의 문제에 적절하게 대응할 수 있습니다. 약물 관리 역시 ADHD 자녀의 교육을 최대한으로 잘 이끌어나가기 위해서 학교와 함께 협력해 나가야만 하는 전체적 노력의 일부분입니다.

Q 59 정기적으로 진료를 보러 가야만 하나요? 혹은 전화로 약을 조정할 수 있나요?

전화 통화에서 놓칠 수 있는 것들을 진료 시 발견해내는 경우가 꽤 있습니다. 결국 부모로서 여러분은 무엇이 중요한지와 그렇지 않은지를 항상 알지는 못합니다. 이는 MTA 연구에서 강조되었습니다(문항 45번을 참고). 전문가에 의해 관리된 약물 치료 집단은 일반적인 지역 사회 약물 치료 집단보다 유의하게 더 잘 호전되었습니다. 일부 사람들은 다른 사람들보다 약에 더 잘 적응하였습니다. 연구 참여 전문가들은 각 아이마다 적절한 약물 용량을 찾기 위해 치료 첫 달 동안 특별히 관리를 했습니다. 그 후에 이들은 매달 30분 정도의 진료를 통해 아이들을 만났습니다. 진료 동안 약을 처방하는 의사는 부모와 이야기를 나누고 아이를 만나고 가족들이 약에 대해 가지고 있는 걱정거리나 ADHD와 관련해 아이가 겪고 있는 어려움에 대해 상의했습니다. 아이가 어떤 어려움을 겪고 있다면 MTA 연구의 의사와 전문가는 단지 기다리면서 상황을 살피기 보다는 약물을 조정하는 것을 고려했습니다. MTA 연구 참여 의사들은 일반 지역사회 의사들이 사용하는 것 보다 더 많이 더 자주 복용하도록 약물을 처방 했습니다(MTA 연구는 효과가 짧은 약물들을 사용했습니다). 왜냐하면 이들은 치료 효과를 평가하기 위해서 훨씬 확고한 입장을 취했기 때문입니다. 또한 MTA 연구의 전문가들은 학교와도 연락을 취했습니다. 부모가 학교에서 연락을 받지 않았을 지라도 학교에서의 문제는 여전히 그대로 남아 있는 경우가 종종 있기 때문입니다. 약물 용량을 조정함으로써 이러한 많은 소소한 학교 문제들을 해결할 수 있을지도 모릅니다. MTA 연구의 목적은 '개선의 여지가 없는' 시점에서 약물을 조절하는 것이었습니다. 이렇게 철저하게 관리 감독을 했기 때문에 약물로 인한 어떤 부작용에 대해서도 초기 감지와 반응을 할 수 있었고, 이는 아이가 효과적인 치료를 지속하는데 도움이 되었습니다. MTA 연구에서 약물 치료 집단에 포함된 의사들은 행동 치료를 하지 않았지만, 이들은 아이들이 경험하는 문제에 대해 부모들에게 조언을 해줬고 부모가 요청하는 경우 읽을 거리와 추가적인 정보들을 제공해주었습니다.

이와는 대조적으로 약물을 점검하기 위해 일반 지역사회의 의사들에게 진료를 보는 것은 평균적으로 6개월마다 한 번씩 이루어지며 각각 약 15분 가량이 소요됩니다. 의사들은 아이의 학교 측과 연락을 하지 않습니다. 기다리며 경과를 지켜보는 일도 흔하지요.

60 우리 아이는 약을 매일 먹어야만 하나요? 또는 휴약기를 갖는 것도 가능한가요?

아이가 1년 365일 약을 먹어야 하는지 학기 중에만 먹을지, 여름 캠프 동안 또는 운동하는 동안만 먹을지는 각 개인의 필요와 스케쥴에 따라 다릅니다. 일부 아이들은 공부할 때에만 ADHD가 문제가 되고 주말이나 방학, 여름 학기 동안은 약 없이도 잘 지낼 수 있습니다. 또 다른 아이들은 매일 약을 필요로 하기도 합니다. ADHD는 학교 안팎 모두에서 아이의 기능에 영향을 줄 수 있다는 것을 명심하세요. 적절하게 기능한다는 것이 곧 바깥에서 보내는 시간의 대부분을 박물관이나, 놀이터, 영화관, 여름 캠프 등으로 채우는 것과 같은 의미는 아닙니다. ADHD 아이들은 필요할 때 약을 먹어야 합니다. 너무 까다롭게 굴 필요는 없습니다.

> ADHD는 학교 안팎 모두에서 아이의 기능에 영향을 줄 수 있다는 것을 명심하세요.

어떤 아이들은 주의 집중력 부족이 단지 공부하는데 상당히 방해가 되기 때문에 학기 중에만 약을 필요로 하기도 합니다. 그러나 학습은 학기 중뿐 아니라 항상 일어납니다. 학교에서 약이 필요한 대부분의 아이들은 숙제 할 때도 마찬가지로 약이 필요합니다. 연구 결과에 따르면 복용하는 동안 약물은 아이의 학습과 더불어 그들이 배운 것을 실행하는 것(예: 숙제하기) 모두를 향상시켜 주는 것으로 나타났습니다. 이는 약을 먹는 동안 학교에 가거나 숙제를 하는 것은 단지 학교에 있을 때만 약을 먹는 것 보다 훨씬 유익하다는 것을 뜻합니다. 학습은 뇌가 '동일한 생화학적 상태(same biological state)'에 놓여 있을 때 더 잘 이루어집니다. '동일한 상태'에서의 학습이라는 이 개념은 또한 주말에도 적용될 수 있습니다. 때때로 주말 동안 좀더 작은 용량을 사용하거나 주말 공부 시간 동안만 약물을 복용하도록 시간을 정해놓는 것이 좋은 절충안이 되는 것으로 드러났습니다.

ADHD 행동 문제를 치료하는 방법으로 주말에 약을 복용할지 말지를 결정하는 것은 곤란한 일이 될 수 있습니다. 왜냐하면 그러한 결정은 매우 개인적인 선택 사항이며 종종 옳고 그름의 답이 존재하지 않기 때문입니다. 주말 시간은 훨씬 더 부모-자녀 관계 위주로 이루어지며 많은 부모들이 약 없이도 주말 동안은 ADHD 자녀들을 관리할 수 있습니다. 그러나 다음과 같은 의문이 듭니다. 부모들은 어떤 대가를 치러야 하나? 만약 여러분이 끊임없이 아이를 다그치며 훈육만 하고 있다면 아무도 재미있게 시간을 보내지 못하고 아이는 자존심을 다치게 될지도 모릅니다. 약물은 양육 기술을 높여주는 것으로 나타났습니다. 약을 복용하는 아이들의 부모들은 아이를 훨씬 더 잘 다룰 수 있습니다. 그들은 제재할 필요가 없으며 훨씬 더 긍정적인 지원 방법을 사용할 수 있습니다. 규율을 잡는 것이 문제시 된다면 적어도 주말 동안 약을 사용하는 것에 대해 다시 한번 주의 깊게 고려해야만 합니다. 특히 과잉행동적-충동적이거나 ADHD 복합형인 아이들은 품행 장애 관련 아이들처럼 매일 약을 필요로 합니다. 약물은 이들의 충동성을 최소화하고 따라서 가족과 친구들과의 대인 관계를 향상시키는데 도움이 됩니다 (문항 54번에서 논의됨). 반대로 부주의한 아이들은 이들이 끝마쳐야 할 숙제가 있는 경우가 아닌 한 주말 동안 약이 없다고 뚜렷하게 나빠지지는 않습니다. 그러나 약이 없다면 부주의한 아이는 사회적인 단서들을 놓치게 되고 가족과의 활동들로부터 이득될 것이 없다고 반박할 수도 있을 것 같습니다.

때때로 학기 중이 아닐 때 약을 복용할지 말지를 결정하는데 있어 아이의 나이가 결정적인 요인으로 작용하기도 합니다. 종종 부모들은 취학 전이나 초등학생 정도의 자녀들의 일상적 행동에 대해서는 소상히 알고 있습니다. 그러나 십대 자녀들이 저녁이나 주말 동안 겪고 있는 문제들에 대해서는 잘 인식하지 못하는 것 같습니다. 십대들이 주말 동안 가지게 되는 문제들에는 학교에서 내준 장기적인 과제에 대해 정리하고 계획을 세우는 것이 있을 수 있고 또한 복잡한 사회적 상황에(예: 약물이나 음주에 대한 결정)대한 대처 방식에 있어서의 어려움도 포함될 수 있습니다. 약물은 자기 통제력을 향상시켜주고 충동성을 감소시켜 줍니다. 이는 운전할 때도 마찬가지인데 감소된 충동성과 증가된 주의 집중력이 사고의 위험성을 낮춰줍니다(문항 97번에서 논의될 것임). 가상 운전 상황을 이용한 최근의 한 연구에서 운전 수행 향상과 장시간 작용하는 약물 간에 상관 관계가 있는 것으로 나타났습니다. 따라서 이는 일상 생활에서의 과업들을 처리하는데 있어 지속적으로 사용하는 약물의 장점을 부각시키는 것입니다.

여름 캠프 동안 각성제를 사용할지에 대한 문제 역시 흔하지요. 비록 여름 캠프 동안의 활동이 아이들의 과도한 에너지를 일부 혹은 대부분을 소진하게 할지라도 일부 아이들 특히 ADHD 과잉 행동-충동형 또는 복합형인 아이들이나 약물 치료로 사회 기술의 도움을 받고 있는 아이들은 여름 캠프 기간 동안 약을 복용해야만 합니다. 다른 아이들의 경우는 약 없이 지내는 것도 괜찮습니다.

휴약기는 일반적으로 학교 방학이나 휴일 기간과 일치하게 됩니다. '휴약기'를 가지게 될 가능성이 높은 ADHD 아이들은 나이가 많거나 문제가 적은 아이들입니다. 즉 부주의 유형이거나 기준상 과잉행동-충동성 증상이 거의 없는 아이들이지요. 그러나 연구에 따르면 휴약기 동안 대다수 부모들의 만족도 평가치(가족들에 대해 어떻게 느끼는지)가 저하되는 것으로 나타났습니다. 휴약기는 꼭 필수적인 것도 아니고 굳이 이득이 되지 못할 수도 있습니다.

매일 각성제를 복용하는 것에 대해 반대 의견을 표하는 의학적 입장은 없습니다. 주중에만 사용하는 것에 비해 매일 약물을 복용할 때 부작용이 더 많다는 것을 시사하는 연구 결과도 없습니다. 아이가 각성제를 사용할 경우 식사하는데 심한 어려움을 보이지 않는 한 약물을 매일 사용하지 않겠다고 결정하는 데에는 신중을 기해야 합니다. 결국 일단 약물 치료를 받기로 하고 그것이 아이에게 효과가 있는지를 살펴보기로 마음을 정했다면 '적게 먹이는 것이 반드시 더 좋은 것은 아닙니다.' ADHD 아이들은 그들이 문제를 보이는 시간대를 보완해 주기 위해 약을 먹어야만 합니다. 부모들은 약물의 영향에 대해 끊임없이 걱정하기 때문에 종종 아이에게 약을 먹이는 시간대를 최대한으로 줄이고 싶어하지만, 실제로 최선의 선택은 아이의 ADHD 증상들이 일상 생활을 방해하는 시간대 동안 아이에게 약을 복용하게 하는 것입니다. 주말, 휴일, 방학 동안 문제를 보이고 있는 아이들을 치료하지 않는 것은 장기적으로 득 될게 없습니다. 실제로 장기적으로 불이익을 가지고 있는 셈이지요. 그러나 일부 아이들은 확실히 학기 중 월요일부터 금요일까지만 약을 필요로 하기도 합니다.

Q61 우리 아이는 얼마 동안 약물 치료를 받아야 하나요?

이것 역시 매우 자주 듣는 질문입니다. 때때로 약을 사용하기로 결정하기도 전에 이를 묻기도 합니다. 사람들은 대부분의 아이들이 사춘기쯤에 이르면 ADHD를 이겨낸다고 생각하곤 하지만 현재 연구 결과에 따르면 이는 사실이 아닙니다. 많은 아이들에게서 ADHD는 다른 형태이긴 하지만 무기한으로 지속되고 이에 따라 치료 전략들이 바뀌게 됩니다. 일부 아동들은 성인기까지나 또는 성인기 내내 치료가 필요할 정도로 치료의 지속 기간은 다양합니다. 예견할 수 없는 일이지요. 시간이 지나봐야 이를 알 수 있게 됩니다. 학업과 인생에서의 중요한 사건들을 거칠 때마다 새로운 도전에 부딪히게 되고 여러분은 약물 치료의 필요성에 대해 끊임없이 재평가해야 할 필요가 있습니다. 만약 약물 치료를 중단할 것을 생각한다면 일반적으로 학기 중에 약물 치료를 시작한 후 10월이나 11월경에 중단하는 것이 좋습니다. 이런 식으로 아이가 약을 복용할 때와 그렇지 않을 때의 수행의 차이를 비교할 수 있습니다.

대학에 진학하는 것은 누구에게든지 쉽지 않은 일입니다. 많은 ADHD 청소년들이 고등학교에서 좋은 성취를 보이는데 이는 실상 부모의 지원에 힘입은 경우가 많습니다. 부모들은 아이들의 과제를 돌봐주고 진료 시간에 아이를 데려가고 꼬박꼬박 약 처방전을 다시 받도록 하지요. 십대 아이들이 대학에 진학하게 되면 이런 부모의 지원 체계는 갑자기 사라지게 됩니다. 학생들은 대학의 장애지원 제도(Disability Office)로부터 일정 부분 도움을 받게 되나, 이러한 지원이 부모를 대신하지는 못합니다. 사실 ADHD를 가진 많은 학생들이 대학에 처음 와서 아마 가장 절실히 도움이 필요할 때에 낙인을 두려워해 장애지원 제도를 이용하는 것을 피하게 됩니다. ADHD를 가진 대학생들은 자신의 생활을 통제해야만 하는 새로운 난관에 부딪히게 됩니다. 잠을 충분히 자는 것조차 하나의 문제가 되게 됩니다. 자신을 깨워줄 사람이 없는 상태에서 수업 시간에 맞춰 일어나는데 곤란을 겪게 되고 알람 시계가 울렸을 때 일어나기 위한 대책을 마련해야 합니다.

의사들은 대학 진학을 위해 집을 떠나거나 독립을 하게 되는 ADHD 청소년들에게 가능한 많은 지지체계를 제공해줘야 합니다. 전문가들은 처방전을 어떻게 지속적으로 받게 할지, 약물을 어디에 보관할지, 약을 규칙적으로 먹는지는 어떤 방식으로 확인할지에 대해 계획을 세워야만 합니다. 대학생들의 경우 아침에 약을 복용하는 것을 잊었을 때 수업 시간에 약을 먹을 수 있도록 하기 위해 책 가방에 약을 가지고 다니는 것이 유용한 것으로 나타났습니다. 수중에 있으면 그 즉시 바로 복용할 수 있습니다.

청소년들은 그들이 독립하게 될 때 약물 치료를 중지하기를 종종 원합니다. 물론 그러한 결정은 궁극적으로는 그들 스스로에게 달려 있습니다. 하지만 이러한 결정은 그들이 치료 받고 있는 의사와 상의를 해서 이루어져야만 합니다. 청소년들이 주치의와 오랜 기간 만나왔다면 대학에 들어가기 전에 진료를 통해 상담을 받는 것이 확실이 도움이 됩니다. 약물을 복용하면서 대학에 입학하여 순조롭게 시작하는 것이 일반적으로 가장 좋은 방법입니다. 아마도 10월이나 11월에 이르면 학생들은 약물 치료를 지속하는 것이 필요한지 여부에 대해 다시금 생각해 볼 수 있습니다. 그들이 약물 치료를 중지한다면 자신들이 계속 학교 생활을 잘 해내가리라는 확신이 든 직후에 대학에서의 수행에 대해 재평가를 해봐야 합니다. 이러한 방법은 개인적인 동세감을 세공해줄 뿐 아니라 과학적이고 이치에 맞습니다. 대학에 들어간 이후에 청소년들이 자신의 주치의에게 다시 진료를 받으러 가는 것은 어려운 일입니다. 그러나 자신의 수행 수준을 면밀히 살펴보고 약물을 적절하게 조절해야 한다는 점에서는 특히 중요한 시기입니다. 이들은 또한 미리 방학에 맞춰 진료 예약을 해두어야만 합니다.

> 술과 마약류 사용이 ADHD 청소년들에게는 여러 문제들을 야기할 수 있습니다.

술과 마약류 사용이 ADHD 청소년들에게는 여러 문제들을 일으킬 수 있습니다. 이들은 약물 치료를 중단하고 싶어하는데 왜냐하면 이들 물질들이 어떤 상호 작용을 일으키는지를 모르며 때때로 ADHD가 아닌 아이들이 그들에게 각성제 약물을 달라고 강요하기 때문입니다. 부모들은 모든 ADHD 자녀들이 대학에 진학하기 전 이 문제들에 대해 상의를 해봐야만 합니다. 각성제는 술이나 마약류 등과 같이 사용하면 중독 효과를 가질 수 있습니다. 그러므로 각성제를 술이나 마약류와 동시에 복용하지 말아야 합니다. 다행히도 대부분의 음주나 마약류 사용은 각성제 효과가 감소하는 저녁 때 이루어집니다. 약물의 상호 작용에 대해 의사와 솔직하게 상의하는 것이 최선의 방법입니다. 의사들은 ADHD 아이들에게 자신의 약물을 남에게 주지 말도록 가르쳐야만 합니다. "의사가 약 개수를 센다"고 주치의 탓을 하고 체면을 유지해도 됩니다. 의사는 또한 다른 학생들이 찾을 수 없는 안전한 곳에 자신의 약을 잘 간수하도록 가르쳐야만 합니다. 때때로 약의 개수를 세는 것은 약을 다른 이에게 주지 않았다는 것과 과용하지 않는다는 것을 확인하게 해준다는 점에서 십대들에게는 실제로 필요한 일입니다.

■찰스의 이야기:

우리 아들 밥이 내게 다른 애들이 약을 팔라고 자주 강요한다고 말했습니다. 우리는 이 난처한 입장에 대해 충분히 이야기를 나누었지요. 아이는 순간의 돈 때문에 약을 파는 것보다 약물 치료를 잘 받고 학교에서 잘 생활하는 것이 장기적으로 볼 때 돈을 더 많이 벌게 되는 것이라고 응수하면서 그런 부탁들을 거절할 수 있는 반응들을 연습하고 방법들을 배워나갔습니다.

Q62 성차가 약물 치료에 영향을 주나요?

여아들은 ADHD 부주의 유형이 더 많은 편이고 진단 받지 않았을 가능성이 더 많습니다. 이들은 교실에서 선생님들에게 말썽을 피우지 않기 때문에 간과되곤 합니다. 그러나 제대로 인식해서 치료한다면 과잉행동–충동형이나 복합형을 주로 보이는 소년들과 마찬가지로 이들의 증상들 역시 개선될 가능성이 큽니다. 그러나 적절하게 여아들을 치료하는 것은 약물의 신중한 용량 조절을 필요로 합니다. 여아들은 그들의 주의력 문제를 효과적으로 치료하기 위해서 더 고용량의 약물을 필요로 할 수도 있습니다.

Q 63 ADHD 유형이나 여러 다른 증상들이 치료법 선택에 영향을 주나요?

문항 45번에서 설명했던 MTA 각성제 연구에서 전문적으로 약물 치료를 받고 행동 치료도 받았던 집단과 전문적인 약물 치료만 단독으로 받았던 집단간 ADHD 핵심 증상(과잉행동, 부주의, 충동성)의 감소에 있어 차이는 발견되지 않았습니다. 그러나 다른 영역들 예를 들어 불안 증상, 학업, 품행장애나 반항장애, 부모 자녀 관계, 교사가 평가한 사회 기술 등에 있어서는 혼합 치료적 접근이 훨씬 효과적입니다. 게다가 혼합 치료 기법 집단은 연구자가 약물 치료만 했던 집단에 비해 약물 용량도 더 적게 쓰였습니다.

공존 장애의 존재 또한 각성제가 얼마나 효과적으로 작용하는지에 영향을 미치게 됩니다. 일반적으로 일차적인 ADHD를 우선적으로 치료하게 되지만, 공존 장애를 가지고 있는 아이들은 때때로 두 가지 종류의 약물을 필요로 합니다. 예를 들어 의사는 ADHD와 우울증이 있는 아이를 치료하기 위해 각성제와 항우울제 둘 다를 사용할 수도 있고 또는 품행 장애가 있는 아이를 치료하기 위해 각성제와 클로니딘을 둘 다 쓸 수도 있습니다.

각성제 용량의 차이는 ADHD 증상들에 각기 다르게 영향을 줍니다. 약물은 종종 행동에 우선적으로 영향을 미칩니다. 시간이 지나거나 때때로 용량이 증가됨에 따라 주의력에도 효과가 나타납니다. 다시 말해 작은 용량의 약물은 행동을 개선시키고, 실제로 주의력을 개선시키기 위해서는 종종 고용량이 필요합니다. 그러므로 주치의는 신중하게 약물 용량을 조정해야만 합니다. 행동이 개선되었다고 해서 그 용량을 반드시 유지하지는 말아야 합니다. 교실에서의 행동과 학업 수행 정도에 대한 교사의 정보를 치료에 활용할 수 있습니다.

▶ 비 각성제 약물들 ◀

Q64 ADHD 치료를 위한 그 외의 약물들에는 무엇이 있나요? 비 각성제 약물들의 장, 단점은 무엇인가요?

각성제는 ADHD 아이들에게 아마 가장 효과적인 듯 합니다. 왜냐하면 이들은 신체에 빠르게 흡수되고 배출되며 그 효과 또한 신속하게 확인할 수 있습니다(1~2 주내). 비각성제 약물 중에 각성제 약물만큼의 효과를 보이는 것은 없고, 신체에서 치료적인 효과를 유지하기 위해서는 모두 매일 복용해야 하는 것은 마찬가지입니다(물론 이 약물들이 당신 아이에게 잘 듣는다면 그 때에는 의사와 더 논의해 볼 수 있겠습니다). 그러나 각성제를 복용할 수 없거나, 각성제가 충분히 효과적이지 않거나 혹은 특정한 공존 장애를 가지고 있는 아이들에게는 다른 약물들이 단독으로나 혹은 각성제와 혼합하여 사용될 때 유용할 수 있습니다. 다른 약물들도 그 정도는 다르겠지만 각성제가 작용하는 것과 동일한 신경전달물질에 영향을 주기 때문에(문항 8번에서 논의됨) 대개 효과가 있습니다.

선택적 세로토닌 재흡수 억제제(SSRI)는 원래 우울증을 치료하기 위해 개발되었고 프로작이 대표적입니다. 다른 SSRI들은 여러분이 알고 있는 상품명으로는 졸로프트(Zoloft), 팍실(Paxil), 클렉사(Clexa), 렉사프로(Lexapro), 루복스(Luvox) 등이 있습니다. 마지막 약물은 특히 강박 장애를(ADHD와 같이 나타날 수 있는 장애로 문항 38번에서 논의됨) 치료하는데 있어 효과적입니다.

선택적 세로토닌 재흡수 억제제(SSRI) :
세로토닌 운반체를 억제시킴으로 작용하는 약물. 이에 따라 원래 뉴런 사이를 오가는 세로토닌이 효소에 의해 흩어지거나 파괴될 때까지 장시간 동안 시냅스에 남아 있게 됨.

SSRI들은 항우울 효과가 있을 뿐 아니라 불안도 감소시키는 편입니다.

우울증과 불안 둘 다 ADHD와 동시에 나타날 수 있습니다. 그러므로 의사들은 불안과 우울증이 공존하는 아이에게 각성제와 더불어 SSRI를 사용할 것입니다. 일부 연구들에서는 SSRI가 직접적으로 ADHD에 효과적인 것으로 나타났습니다. 의사들은 제일 우선되는 문제들을 먼저 치료하기 위해 약물을 택해야만 합니다. 때때로 SSRI들은 약효의 기복을 최소화시키면서 하루 동안 각성제의 작용이 원활하게 이루어지도록 해줍니다. 이 약물들은 또한 아이가 다른 면에서는 각성제에 잘 반응하지만, 무감각해지는 현상을 줄여주고, 따라서 지속적인 약물 사용과 효과 개선에 도움을 줍니다.

SSRI의 부작용들은 통상적인 것들입니다: 두통, 메스꺼움, 수면 장애, 식욕 변화, 입마름. 그러나 이 부작용들이 나타난다면 일반적으로 매우 경미한 수준이거나 일시적이며 치료를 제한하는 경우는 거의 없습니다. 발기 부전이나 성욕감퇴 같은 부작용은 나타난다 할지라도 아이들에게는 문제 될 것이 없겠지만 혹 청소년들은 이를 문제로 여길지도 모릅니다. SSRI가 효과가 있기 위해서는 매일 먹어야 합니다. SSRI와 다른 항 우울제들이 효과적인지 아닌지를 확인하는 데에는 몇 주 정도가 걸릴 수 있습니다.

언론은 최근 팍실과 다른 SSRI들이 아이들의 자살 위험성을 증가시키고 약물 중단 시 심각한 부작용을 초래할 가능성이 있다는 것에 이목을 집중시켜놓았습니다. 현재까지 이 자료는 논란 거리가 되고 있고 이 주장들이 사실임을 입증하는 정식적인 과학적 연구는 없습니다. 현 시점에서 이러한 경고들이 SSRI 선택을 금지할 수는 없습니다. 그러나 팍실과 다른 SSRI 들은 끊을 때 그 용량을 천천히 줄여야 하고 우울증을 치료 받는 아동은 누구라도 신중하게 관찰해야 합니다.

ADHD 치료를 위해 사용되어 온 두 개의 비전형성 항 우울제들은 웰부트린(Wellbutrin)과 이팩사(Effexor)입니다. 어떤 연구들에서는 웰부트린이

ADHD를 치료할 수 있는 것으로 나타났습니다. 이는 또한 서로의 효능을 증가시켜 주면서 각성제와 서로 상승 효과를 보입니다. 다시 말해 우울증이 공존한다면 웰부트린을 고려해볼 수 있습니다. 작은 용량의 웰부트린은 흡연자들이 금연하도록 돕는데 사용되는 약물과 동일한 성분입니다. 웰부트린은 노르에피네피린을 증가시키기 때문에 동기를 높여주는 효과가 있습니다. 일반적인 부작용은 흥분, 정신 착란, 두통, 메스꺼움, 구토, 수면 장애, 식욕 변화, 입 마름입니다. 일부 연구들에서 이팩사도 ADHD 증상을 완화시키는 것으로 나타났습니다. 마찬가지로 우울증이 공존한다면 주치의는 이팩사를 생각해볼 수도 있습니다. 일반적인 부작용으로는 흥분, 두통, 메스꺼움, 불면, 식욕 변화, 발한, 입 마름 등이 있습니다.

임상 실험(Clinical trial) : 약물의 효능성을 평가하기 위한 목적으로 대 규모의 집단을 대상으로 약물, 또는 약물을 사용한 치료법에 대해 신중히 관찰하는 연구법.

반감기(Half-life) : 약물의 작용 기간에 대한 측정값의 하나로 약물의 용량이 반으로 줄어드는데 얼마나 시간이 걸리는지를 뜻함. 반감기가 긴 약물은 가끔씩 복용할 수 있는 반면 반감기가 짧은 약물은 자주 먹어야 할 필요가 있음.

1980년대 동안 **임상 실험**에서 연구자들은 ADHD 아이들에게 토프라닐(Tofranil; 야뇨증에 한 때 흔히 사용되었던 약물), 데시프라민(Desiprimine), 파모랄(Pamolar)같은 삼환계 항 우울제들의 효과를 평가 했습니다. 삼환계 항 우울제들은 처음에는 각성제만큼 효과적이었으나 그 효과가 지속되지 않았습니다. 약물 선택권이 많은데다가 삼환계 약물들은 상대적으로 효과도 적고 또한 부작용 때문에 덜 쓰입니다. 의사들은 지금은 틱 증상이 공존하는 청소년들이나 각성제에 의해 가끔씩 악화되는 틱 증상을 가지고 있거나 각성제에 효과가 없는 사람들을 치료하기 위해 자주 데시프라민을 사용합니다. 새로운 항 우울제들은 부작용이 훨씬 적기 때문에 우울증이 공존하는 아이들을 위해 일반적으로 삼환계 항 우울제를 우선적으로 선택하시는 않습니나. 삼환계 항 우울제들의 장점은 상대적으로 **반감기**가(이는 아이가 학교 수업 시간 동안은 약을 먹을 필요가 없다는 것을 뜻합니다) 긴 것, 약효가 서서히 감소하는 것, 남용의 위험이 작다는 것입니다.

삼환계 항 우울제들은 매일 복용할 필요가 있습니다. 이들은 입 마름을 일으킬 수 있고 일부 아이들의 경우 지나치게 가라앉고 참기 힘든 피로감을 야기시키는 것으로 나타났습니다. 반대로 수면 문제가 있는 ADHD 아이들의 경우 이 약물들은 잠 잘 때 좋은 효과가 있습니다. 심장에 대한 부작용들이 가장 심각한 것으로 입증되었습니다. 삼환계 항 우울제로 치료 받던 몇몇의 건강한 아동들이(5~14세) 갑작스레 사망하였습니다. 그러나 야뇨증에 토프라닐을 별다른 문제 없이 장기간 사용하는 것을 생각해 볼 때 이러한 일은 아동기 때 일어나는 이유를 알 수 없는 돌연사 범위 내에 속하는 단지 불운한 사건이라 볼 수 있을 것 같습니다. 그럼에도 불구하고 과용의 증거도 없고 혈장 약물 농도와 심전도를 지속적으로 체크하는데도 이러한 큰 불행을 예측하지 못하는 것은 불안합니다. 따라서 의사들은 각성제가 효과가 없거나 정상적인 기능을 심각하게 방해하는 공존 장애가(예: 우울, 틱) 있는 경우에만 삼환계 항 우울제를 권합니다. 지속적으로 체크하며 추후 심전도 검사를 해나가는 것이 유용합니다. 현재 통용되고 있는 SSRI 계열의 항 우울제를 쓰는 것이 ADHD와 우울증이 공존하는 대부분의 아이들에게 일반적으로 더 좋은 선택입니다.

Q65 클로니딘(Clonidine)과 테넥스(Tenex)는 무엇이며 이들의 부작용에는 어떤 것들이 있나요?

> ***효능제(Agonist) :***
> 본래의 신경전달물질과 동일한 작용을 하는 약물.

클로니딘(Catapres; 카타프레스)과 구안파신(Tenex;테넥스) 둘 다 특히 전두엽에서 노르에피네프린 방출을 증가시키는 **효능제** 약물들이며 ADHD나 틱이 동반된 아이들의 ADHD를 치료하는데 있어 효과적인 것으로 입증되었습니다. 연구자들은 원래 이 약물을 고혈압을 치료하기 위해 개발했습니다. 이 약물은 주의력 자체보다는 과잉 행동이나 품행 문제를 치료하는데 훨씬 효과적인 것으로 보입니다. 대개는 각성제만큼 효과적이지는 않습니다. 그러나 ADHD와 틱이 있는 아이들을 대상으로 한 최근의 한 연구에서 ADHD를 치료하는데 있어 클로니딘과 리탈린을 병행하여 사용한 경우 리탈린을 단독으로 썼을 때보다 더욱 효과적인 것으로 나타났습니다.

일부 아이들에게 클로니딘은 진정 작용이 있고 참기 힘든 피로감을 일으키는 것으로 드러났습니다. 때때로 이러한 부작용은 취침 때 소량 복용하면 아이가 잠자는 것을 돕는데 유용할 수도 있습니다. 가끔씩 클로니딘은 아이들을 과민하게 만들기도 합니다. 테넥스는 진정 작용이 덜하고 반감기가 긴데 즉, 효과가 오래 지속된다는 것을 뜻합니다. 따라서 ADHD 아이가 클로니딘과 테넥스 모두를 매일 복용한다면 테넥스는 덜 복용할 수 있습니다(예: 클로니딘 하루 두 세 번, 테넥스 하루 한 두 번). 클로니딘은 지속적으로 약을 방출해주는 패치 형태로도 나오며 이는 일주일에 한번 바꿔주면 되고 효과가 뚜렷합니다.

심장 관련 문제들이 클로니딘과 테넥스 모두에서 가장 심각한 잠재적 부작용입니다. 각성제와 클로니딘을 둘 다 복용하던 아동들이 이유를 알 수 없는 돌연사를 한 경우가 있었다는 일부 보고들이 있었습니다. 이로 인해 각성제와 클로니딘-테넥스를 혼합하여 사용하는 경우 심장의 안전성에 대한 의문이 증폭되었습니다. 사망한 아이들은 치료전 준임상적 심장 문제에 대해 선별 검사를 받지 않았습니다. 또한 이들은 다른 약물들도 모두 복용하고 있는 중이었습니다. 연구자들은 틱과 ADHD가 있는 아이들에게서 각성제와 클로니딘을 혼합하여 사용하면서 별 문제 없이 통제된 임상 실험 연구를 시행하였습니다. 보고되었던 돌연사 비율은 아동기 때 발생될 가능성이 있는-극히 이례적이기는 하나 충분히 있음직한-범위 내에서 일어난 것이라고 볼 수 있었습니다. 각성제와 함께 혹은 단독으로 클로니딘을 사용하려면 그 전에 심전도를 통해 선별 검사를 하는 것이 적절하겠으며, 치료가 자리를 잡아갈 때 추후 심전도 검사를 하는 것 또한 좋은 방법입니다. 혈압과 맥박을 지속적으로 측정하는 것은 간단하면서도 현명한 조치입니다.

Q66 새로운 약, 스트라테라(Strattera)는 어떤가요? 얼마나 효과적이며 부작용은 무엇인가요?

ADHD의 최신 약물인 스트라테라는 꽤 효과적인 것으로 입증되었고 기존의 각성제들과는 다른 작용 기제를 가지고 있습니다. 도파민에 우선적으로 작용하는 각성제들과 달리 스트라테라는 노르에피네프린 재흡수 억제제이며 따라서 대뇌의 노르에피네프린 수준을 증가시킵니다(문항 8번에서 논의됨). ADHD에서 노르에피네프린의 정확한 역할은 알려지지 않았습니다. 하지만 과학자들은 이것이 주의력, 충동성, 활동 수준을 조절하는데 있어 중요한 역할을 하는 것으로 생각하고 있습니다. 모든 임상 실험에서 스트라테라는 아이, 청소년, 성인의 ADHD 증상을 감소시키는데 있어 위약보다 뛰어났습니다. 스트라테라는 과잉행동과 충동성, 부주의를 포함한 모든 ADHD 증상들에 좋은 효과를 보였습니다. 나이에 따라 증상에 차이가 있음에도 불구하고 ADHD가 있는 청소년들과 어린 아이들 모두 스트라테라에 대해 비슷한 효과를 보였습니다.

스트라테라는 안정된 혈중 농도를 유지하기 위해서 매일 복용할 필요가 있습니다. 여러분의 몸에서 효과가 확립되기까지 또한 시간이 소요됩니다. 용량을 조절하고 스트라테라가 효과적인지 아닌지를 결정하는데 한달 혹은 그 이상이 걸립니다. 이 약은 특히 각성제 복용 시 불안해지는 아이들을 치료하는데 유용한 듯합니다. 많은 의사들이 각성제와 스트라테라를 혼합하여 처방하기 시작했습니다. 스트라테라는 각성제의 부작용을 최소화시키며 각성제 용량을 줄여서 복용하게끔 해줍니다. 스트라테라는 밤에 아이를 재우고 아침에 이들을 깨우는 데 있어 어려움을 겪고 있는 ADHD 자녀를 둔 가족들에게 특히 도움이 될 수 있습니다. 스트라테라는 또한 틱 치료제로 쓰이는 클로니딘, 테넥스와 일부 생화학적 작용이 비슷하기 때문에 특히 틱과 ADHD가 같이 있는 아이들에게 쓰는 것이 효과적인 것으로 밝혀졌습니다.

어떤 아이들은 스트라테라로 치료를 시작하면서 살이 빠지기도 합니다. 모든 ADHD 약물 치료 시 의사는 치료 동안 아이들의 발육을 살펴야 합니다. 임상 실험에서 부작용을 경험한 대부분의 아이들은 스트라테라 사용을 중단할 정도로 심각한 수준은 아니었습니다. 가장 일반적인 부작용은 배탈, 식욕 감소, 메스꺼움과 구토, 현기증, 피곤함, 기분 변화 등입니다. 대체적으로 이 부작용들은 일시적입니다. 스트라테라는 간에서 흡수됩니다. 이런 특별한 신진대사 패턴으로 인해 스트라테라는 일반적으로 흔히 사용되는 일부 약물들과 상호 작용을 일으킵니다. 이 약물들에는 선택적 세로토닌 재흡수 억제제(SSRI; 문항 64번에서 논의됨) 일부와, 천식 약 일부 등이 포함됩니다. 이는 여러분이 그 외 다른 약과 스트라테라를 같이 복용할 수 없다는 것을 의미하지는 않지만 주치의가 그 용량을 조정하는 데 있어 특히 신중해야만 합니다. 스트라테라는 아직 6세 미만의 아이들에게는 시험되지 않았습니다.

▶ 약물 치료에 대한 대안들 ◀

67 *행동 수정 같이 ADHD 치료를 위해 이용할 만한 다른 대안들이 있나요?*

여러 연구들에서 현재로서는 약을 적절하게 사용하는 것이 ADHD에 대한 가장 효과적인 치료 방법인 것으로 뚜렷이 밝혀졌습니다. 예를 들어 MTA 연구에서 전문가에 의한 약물 치료는 집중적인 행동 치료보다 훨씬 유의하게 효과적인 것으로 나타났습니다. MTA 연구(문항 45번 참고)에서 평가된 행동 치료는 두 달 코스의 집중적인 여름 캠프 프로그램과 교사와 함께 치료를 하기 위해 매일 학교로 담당자가 찾아가는 12주 프로그램, 부모들이 집에서 사용할 수 있는 기술을 가르치는 26주 부모교육 프로그램 그리고 26주의 개인 및 집단 치료들이 있었습니다. 달리 말하면 이는 너무 비용이 들고 많은 시간 투자를 요하는 치료 방법입니다. 그런데도 약물 치료가 효과가 더 좋았습니다.

Q68 가정에서의 식단 변화와 같은 도움 될 만한 비의학적 방법들이 있나요?

비타민, 미네랄, 세인트 존스 워트(서양에서 민간 요법으로 자주 사용하는 식물의 일종; 역주) 등을 포함한 여러 건강 식품들은 ADHD 증상을 치료하는데 도움이 된다고 크게 선전되어 왔습니다. 그러나 과학적 연구 결과들은 이러한 주장을 입증해주지 않습니다. 건강 보조 식품점에서 여러분이 사는 것은 일반적으로 검증되지 않은 것이고 반드시 안전한 것도 아니라는 것을 명심하십시오. 일부 흔히 사용하는 허브들과 대개는 안전한 식품들 혹은 비타민도 과용하게 되면 처방된 약물의 작용을 방해할 수 있고 이들의 효과에 변화를 줄 수도 있습니다.

> 수 많은 사람이 그렇게 생각하지만 설탕이 아이를 산만하게 만든다는 주장을 뒷받침하는 과학적 증거는 없습니다.

음식을 제한하는 방법이 ADHD를 치료하는 하나의 방법으로 오랜 기간 선호 되었습니다. 페인골드 식이 요법(Feingold diet)이 1970년대 선풍적으로 인기를 끌었으나, 이것이 효과적인지에 대한 증거는 부족하며 이 방법은 모두의 식탁에 혼란을 가중시켰습니다. 이 요법에 의하면 사과나 토마토 같은 음식도 먹을 수 없지요. 수많은 사람이 그렇게 생각하지만 설탕이 아이를 산만하게 만든다는 주장을 뒷받침하는 과학적 증거는 없습니다. 물론 설탕은 살을 찌게 하고 충치를 일으킵니다. 이러한 이유로 인해 우리는 설탕을 적정 수준으로 먹어야만 합니다. 식품 첨가제나 보존제들은 안 좋은 것으로 알려져 있으나 이들이 건강에 좋지 않다는 것을 실질적으로 증명해줄 과학적 증거는 없습니다. 물론 몸에 좋은 균형 잡힌 음식을 먹는 것은 모든 아이들에게 이로운 방법이지요.

제 4 부

학업에서의 성공을 위한 협상 전략들

- ADHD는 일반적으로 어떤 종류의 학습 장애들과 관련되어 있나요?
- ADHD 아이를 위해 학교에서는 어떤 편의를 제공하도록 해야만 할까요?
- IEP란 무엇이며 그것의 목적은 무엇인가요?

그 외...

Q69 ADHD는 일반적으로 어떤 종류의 학습 장애들과 관련되어 있나요?

통계에 따르면 ADHD 아이의 약 50%가 학습 문제를 가지고 있다고 합니다. 그럼에도 불구하고 ADHD 그 자체가 공식적으로 학습 장애로 분류되지는 않습니다. 그러나 유병률이 증가함에 따라 각 학교들은 ADHD와 관련된 일반적인 학습 문제들을 인식하고 있습니다. 주의력 문제 그 자체는 학습 장애에 대한 진단 기준을 충족시키지 않지만 이러한 학습 문제들은 아이의 학업 성취를 상당히 방해합니다. 예를 들어 ADHD를 가진 아이들은 단순 암기가 필요한 정보들을 학습하는데 어려움이 많습니다. 정보가 제시되는 동안 계속 주의 깊게 듣지 못할 뿐만 아니라 의미 있는 방식이나 어떤 특정 맥락에 따라 제시된 것이 아닌 내용들을 잊지 않고 기억하는데 상당한 곤란을 겪지요. 이는 다양한 교과목들, 예를 들어 역사적 사건의 날짜나 외국어 단어, 수학 정보들을 배우는 등에 있어 어려움을 일으키게 됩니다. 그런 아이들은 수업을 듣거나 표준화된 시험을 치르는데 추가 시간이 필요합니다. 왜냐하면 쉽게 주의가 산만해지므로 빠른 정보 처리가 안 되기 때문입니다.

연구들에 따르면 부주의하고, 과잉 활동적이고, 충동적이고 쉽게 주의 산만해지는 아이들은 일반적으로 성적이 좋지 않은 것으로 나타났습니다. ADHD 아이의 전형적인 문제 영역들은(예: 꾸물거림, 계획을 세우고 조직화 하는데 있어서의 어려움, 학습한 정보를 계속 기억하는 것과 다른 사람과 상호 작용하는데 있어서의 곤란) 그 어떤 교과목에도 해당되는 학습 문제들을 야기시킬 수 있습니다. 불안정한 성적 또한 ADHD 자녀를 둔 부모들의 일반적인 불만 중의 하나입니다. 또한 연구 결과 표준화된 학업 성취

평가에서 다른 아이들에 비해 ADHD 아이들이 수행이 더 부진한 것으로 나타났습니다.

덧붙여 ADHD 아이들은 공존하는 학습장애를 가지고 있기도 합니다. 한 연구에 따르면 ADHD 아이의 20~25% 가량에서 학습장애가 공존하는 것으로 드러났습니다. 대조적으로 학습장애가 있는 아이의 약 15% 정도만이 ADHD를 가지고 있습니다. 정상적인 지능에도 불구하고 원래 나이나 학년 수준에 비해 특정 능력들이 발달 되지 못한 아이들은 학습장애가 있는 것으로 생각됩니다. ADHD 아이들에게서 여러 다양한 학습장애들이 발견됩니다. 여기에는 읽기장애, 산수장애, 쓰기장애, 특정 수용 및 표현언어 문제, 대 근육 운동이나 미세 운동에 영향을 줄 수 있는 협응에 있어서의 어려움 등이 포함됩니다.

흥미롭게도 한 북유럽의 정신과 의사가 흔히 보게 되는 증상의 복합체를 설명하기 위해 다음 말들의 첫 글자를 따서 'DAMP'라는 용어를 만들어 냈습니다: disorder of attention, motor functioning, visual-spatial perception(주의력, 운동 기능, 시공간 지각의 장애). 또한 일부 ADHD 아이들은 비언어적 학습장애(Nonverbal Learning Disorder; NVLD)를 가지고 있기도 합니다. 이 장애를 가진 아이들은 두드러지는 시공간 및 시각 운동의 어려움, 실행 계획을 세우는데 있어서의 문제, 사회 기술 문제들을 가지고 있습니다. 이 아이들의 경우 특히 학년이 올라갈수록 수학, 과학, 글쓰기, 글 이해 부분에서 학업적 문제가 주로 나타납니다.

Q70 ADHD인 우리 아이에게 일부 과목들이나 활동들은 특히 더 어려운건가요?

그렇습니다. 일반적인 학교 교과 과정 중 어떤 부분들은 특히 ADHD 아이들에게 훨씬 더 힘든 경향이 있지요. 예를 들어 ADHD 아동들은 흔히 주의 깊게 들어야 하거나 기계적 암기를 하는데 있어 어려움이 있습니다. 그러므로 구두로 된 설명이 많거나 사실들을 기억해야 하는 과목들은 더 많이 문제가 될 수 있습니다. 많은 ADHD 아이들이 외국어를 공부하는데 곤란이 있습니다. 그렇게나 많은 단어들이 제시되면 이들의 주의집중력은 쉽게 떨어지게 됩니다. 이들은 또한 어휘를 학습하기 위해 필요한 반복 암기를 힘들어 하게 되지요. 비슷하게 수학에서 요구하는 기계적인 암기를 어려워합니다. 덧셈, 뺄셈을 배우든 기하학 정리를 외우든 구구단을 외우든지 간에 수학 수업은 골칫거리가 되곤 합니다. 그런 과목에서 좋은 성적을 받으려면 또한 과제에 대해 체계적이고 조직화된 접근 방식이 필요합니다. ADHD 학생들은 흔히 매우 지저분하고 어지럽혀진 과제물을 제출합니다. 그들은 종종 정해진 페이지에 자신의 숙제를 정리하는데 어려움이 있고 과제에 대해 단계적인 접근법을 따르는 것을 힘들어 합니다. 이들은 중요한 수학적 기호들을(예: 더하기 혹은 빼기) 종종 놓치거나 하는 식으로 그들의 능력이 아닌 부주의함으로 실수를 하게 됩니다.

Q71 우리 아이에게 ADHD가 있으면 읽기능력에도 문제가 있게 되나요?

ADHD가 읽기장애나 난독증을 일으키지는 않지만 확실히 읽기능력에 영향을 줄 수 있습니다. 다시 말해 ADHD가 있는 아이들이 반드시 글을 독해하거나 글을 소리내어 읽는 것에 문제가 있는 것은 아닙니다. 그러나 ADHD 아동들은 긴 단락을 읽을 때 정확하고 효과적으로 그 페이지를 제대로 따라가며 읽거나 집중을 유지하는데 있어 어려움이 있을 수 있습니다. ADHD 아이들은 대규모 집단 속에서 장시간 동안 조용히 앉아서 여러 개의 긴 단락을 말 없이 읽으며 객관식 문항을 풀어야 하는 표준화된 읽기 시험의 경우 점수가 부진할 것입니다. 이 아이들은 시험지와 답안지 사이를 왔다 갔다 하는데도 어려움을 가지고 있습니다. 따라서 문제는 이들의 독해력 부족이나 이해력 부진이 아닙니다. 본질적으로는 주의력을 유지하거나 세부 사항에 집중하는데 있어서의 능력부족이 읽기문제인 것처럼 나타난 것입니다. ADHD와 난독증은 별개의 두 장애라는 것을 유념하는 것이 중요합니다. 아이가 ADHD와 난독증 모두를 가지고 있을 수 있겠지만 흔한 경우는 아닙니다.

■ **도나의 이야기 :**

우리 아이 제프리가 학교에서 '읽기 보충 프로그램'에 들어가게 되었습니다. 그는 영리하기는 하지만 읽기 능력이 부족하다는 것이었죠! 나는 아이를 살펴보러 갔고 제프리가 읽기를 배우기에 충분할 정도로 오랫동안 얌전히 앉아 있을 수 없다는 것을 발견했답니다. 그날로 의사에게 연락을 취하였습니다.

Q72 정리를 못하는 것이 우리 아이의 가장 큰 문제입니다. 이를 도와주기 위해 무엇을 할 수 있을까요?

이 문제는 부모들이 꽤나 도움을 줄 수 있는 영역입니다. 예를 들어 학기초에 부모들은 파일들이나 학교 교재들을 정리하는 아이들의 노력을 도와줄 수 있습니다. 쉽고 효율적인 방법을 개발해서 아이가 편안하게 이용하도록 하십시오. 예를 들어 아이는 각 과목에 따라 나누어진 부분을 확인하기 위해 색깔로 구분된 큰 파일들을 여러 개 사용할 수 있습니다. 또한 주어진 과제와 이미 끝낸 숙제들을 구분해 놓는 것이 유용하지요. 대부분의 학생들은 또한 방과 후 활동, 숙제, 장기간 과제들을 조정하기 위한 도구들을 가지고 있을 필요가 있습니다. 휴대 가능한 시각적 도구들, 예를 들어 달력이나 일정 관리 시계가 아이의 시간과 활동을 정리하는 것을 도울 수 있는 또 다른 중요한 도구들입니다. 게다가 어떤 아이들은 자신의 공부 방에 벽걸이나 탁상용 큰 달력 등의 시각적 도구들을 두는 것을 좋아합니다.

공부방 자체가 비효율을 야기하는 중요한 원천이 될 수도 있기 때문에 부모들이 중점을 두어야 할 장소입니다. 무엇보다 ADHD 아이들은 공부를 하기 위해서 주의 분산이 최소화되고 필요한 모든 게 가까이 있는 일상적인 장소가 필요합니다. 대부분의 ADHD 아이들이 주의 분산이 제한된 공부 환경을 필요로 하지만 일부 아이들은 음악을 들으면 효과가 좋기도 합니다. 기본적으로 음악은 이 아이들이 과제에 집중하는 것을 도와주는 작용을 합니다. 조용한 것이 다른 가족들에게 "말 걸지 않고" 가만히 있는다는 것을 뜻하지는 않습니다. 이 아이들이 조용할 때라고 해서 그들이 숙제를 하고 있는 것도 아닙니다. 공부방은 부모들이 불시에 방문하기에 용이해야만 합니다.

부모들은 아이들과 함께 공부방을 디자인하고 필요한 것을 채워 넣고 정리하는 작업을 해 나가야합니다. 적당한 공부방은 컴퓨터와 지필 과제를 할 만한 공간이 있는 규모여야 합니다. 연필, 지우개, 클립, 스테플러와 같은 것들이 쉽게 이용 가능해야만 합니다. 십대들은 분명히 인터넷과 전화를 연결 해달라고 요구할 것입니다. 그러나 이러한 과학 기술 도구들은 주의를 산만하게 한다는 것을 유념하십시오.

Q73 우리 아이는 항상 숙제 하는 것을 싫어하고 꾸물거립니다. 어떤 방법들이 이를 해결하도록 도와줄 수 있나요?

ADHD 아이들이 있는 가정은 숙제 일정을 세워놓아야 합니다. 그러한 일정에는 언제, 어디서 숙제를 할 것인지가 포함되어야 합니다. 예를 들어 방과후 바로 또는 저녁 식사 직후 숙제를 할 수도 있습니다. 아이와 가족들 모두 그 일정을 세우고 지켜나가는 것에 동의할 수 있다면 어떤 스케줄이라도 좋습니다. 부모들은 주의 산만하게 하는 것을 없애고 명확하게 기대하는 바를 밝혀야만 합니다. ADHD 아동들의 경우 규칙과 계획 완수가 특히 중요합니다. 숙제를 마칠 때까지 TV를 보지 못한다는 것이 정해졌다면 부모들은 이 규칙들을 강력히 시행해야만 합니다.

> ADHD 아이들이 있는 가정은 숙제 일정을 세워놓아야 합니다.

ADHD 아이들은 또한 공부하다 자주 쉬려고 듭니다. 따라서 휴식이 필요할 때까지 아이가 주의를 유지할 수 있는 적절한 시간 분량을 정하는 것이 중요합니다. 주방용 타이머를 갖다 놓는 것은 정확한 시점을 자녀에게 눈에 보이게끔 구체적으로 알려주기 때문에 좋은 방법이 되기도 합니다. 특정한 보상 방식 또한 유용합니다. 과제를 지속했을 때 간식을 얻거나 TV 프로그램을 시청할 특권을 얻게 할 수 있습니다.

자녀들이 숙제 할 때 여러분도 매일 늘 일정하게 참여하는 것이 중요합니다. ADHD 아동들은 혼자서 공부 할 수 있게 되기까지 생각보다 훨씬 더 많은 시간이 걸립니다. 여러분이 하루도 빠짐없이 매일 자녀들 옆에 있어주어야 할 수도 있는데, 이는 단지 숙제나 과제 하는 걸 도와주기 위해서가 아니라 단순히 방안에 있어 주는 것이 필요하기 때문입니다. 사실 부모가 신체적으로 같이 있어주는 것 자체가 아주 중요한 요인입니다. 자녀가 혼자서 공부를 하지 못하는 것 때문에 때로는 부모가 몹시 힘이 들고 속상할 것입니다. 고된 하루 일과를 마친 후에 또 시간을 들여 아이까지 봐주기에는 많은 노력이 필요합니다. 그러나 ADHD 아이들이 스스로 공부하기 위해서 자신들에게 필요한 기술들을 성공적으로 습득할 때까지 부모의 적극적인 지지를 필요로 한다는 것과 이것이 수 년이 걸릴 수도 있다는 것을 부모들은 기억할 필요가 있습니다.

여러 가지 집안 활동 중에서 부모들은 공부에 필요한 도움을 제공해 줄 수 있습니다. 특히 초등학교 기간 동안 부모들은 숙제를 미리 하고 과제물을 정리하고 지시 사항을 확인하고 질문들에 답하는데 우선 순위를 두고 저녁 시간을 짤 필요가 있습니다. 그럼에도 불구하고 과제가 점차 복잡해지고 아이들이 자라나 독립을 원하게 되면서 부모들이 자녀를 개인지도 하는 것이 더욱 힘들어지게 됩니다. 따라서 부모들은 숙제를 도와줄 다른 방법들을 모색해 볼 수 있는데 때로는 숙제 도와주는 사람을 구하는 것이 좋은 방법이 될 수 있습니다. 자기보다 약간 나이 많은 '형'이 옆에 있어 주는 것 만으로도 동기를 부여하고 정리를 도와주고 일반적인 질문에 답을 해주는 데 있어 큰 힘을 얻을 수 있습니다. 중학생이나 고등학생이 특정 과목에 있어 도움을 필요로 한다면 과외 선생님이 더욱 적절한 해결책이 될 것입니다. 그러나 많은 ADHD 아이들은 좀더 일반적인 과제 도우미를 필요로 합니다. 이렇게 공부 관리를 도와주는 개인 교사는 대부분 과목들에서 좋은 성적을 얻는데 유용한 중요한 학습 전략들을 가르쳐주어서 꽤 효과적일 수 있습니다.

Q 74 우리 아이는 농구에 완전히 빠져 있어요. ADHD는 단체 스포츠에 참여하는 걸 불가능하게 하나요?

ADHD는 학생들이 단체 스포츠에 참여하는 것을 불가능하게 만들지는 않습니다. 그러나 어렵게 만들기는 합니다. ADHD 아이들은 훌륭한 운동 선수가 될 수 있습니다. 많은 유명한 운동 선수들이 이러한 사실을 입증해 줍니다. 그럼에도 불구하고 ADHD 아이들의 경우 팀 스포츠를 할 때 어려움이 발생할 수 있습니다. 이들은 복잡한 지시 사항을 따르고 동시에 여러 가지를 해야 하고, 권위자에게 협조적으로 대하는 것에 어려움을 가지고 있습니다. 일부 ADHD 학생들은 축구나 농구 같은 전통적인 팀 스포츠보다는 테니스나 골프 같은 개인적인 운동을 선호합니다. 어쨌든 운동경기와 팀 스포츠들은 ADHD 아동들이 긍정적인 평가를 받고 자존심을 높일 수 있는 분야가 될 수 있습니다. 그러나 아이를 가르치는 가장 좋은 방법들에 대한 정보를 제공하기 위해서 담당 코치와 상의를 해보는 것이 유용할 것입니다. 고려해야 할 또 다른 문제는 약물입니다. 다시 말해 아이가 방과 후 운동을 할 때도 약이 필요하다면 용량, 시간, 약물을 복용할 방법에 대해 조정할 필요가 있습니다.

Q 75 우리 아이가 일반 학급에서 잘 적응할 수 있을까요?

그렇습니다. 여러분의 자녀는 아마도-사실 그 이상-일반적인 교육 과정 내에서 잘 해낼 수 있을 것입니다. 그러나 교육 종사자들에게는 ADHD가 아이들에게 상당한 학습 문제를 일으킬 수 있다는 인식도 점차 커져가고 있습니다. ADHD 아동들의 경우 특별한 편의들이 이들의 성공 가능성을 높여줄 것입니다. 이러한 제도적 장치들은 여러분 자녀의 구체적인 요구에 따라 다양하며 시험 시간에 추가 시간을 필요로 하는 것에서부터 강의를 녹음하는 것에 이르기까지 그 범위도 여러 가지입니다. 또 다른 일부 ADHD 아이들은 교사 대 학생 비율이 작은 특수 교육 수업을 듣는 것이 더 낫기도 한데 그런 수업 환경은 매우 구조화가 잘 되어 있고 요구하는 기대들도 매우 명확하기 때문입니다. 특수 교육을 받을지 여부는 여러분의 ADHD 자녀가 학습 장애나 또는 집중적인 학업적, 정서적 도움이 필요한 정신과적 문제 같은 여타의 공존 문제들을 가지고 있는지 여부와도 관련이 있습니다.

Q76 *우리 아이가 ADHD라는 것을 선생님들께 알려야만 하나요?*

그렇습니다. 자녀 교육 문제에 있어서는 미리 적극적인 태도를 취하는 것이 매우 중요합니다. 매 학기 초 짧게라도 선생님들을 만나서 아이에 대해 알려주기를 권합니다. 그런 다음 자녀의 강점과 약점에 대해 논의하기 위해 아이의 선생님 모두와 만날 약속을 잡도록 하십시오. 과거에 특별한 수업 전략들을 아이와 시도해봤다면 선생님들에게 알려주십시오. 여러분은 또한 아이의 특정한 학습 스타일에 대해 말할 것을 준비해야만 하고 교사들과 앞으로 어떤 방식으로 의사 소통을 할 것인지 계획을 세우는 것도 대비해야만 합니다.

부모들은 아이의 학교 선생님들과 우호적인 연락 관계를 맺고 유지시켜 나갈 필요가 있습니다. 아이가 어리고 선생님이 한 분뿐이라면 여러분은 전화나 이메일을 통해 규칙적으로 연락을 주고 받을 수 있습니다. 선생님이 여러 명인 좀더 나이가 있는 아이들이라면 학생 생활지도 상담 선생님과 공식적인 연락 통로를 만들어 놓거나, 연락책이나 조정자로서의 역할을 해줄 특정 선생님이 있어야 합니다. 선생님들은 아이가 잘 적응해내기를 바라며 대부분의 경우 아이 교육에 있어서 훌륭한 계획들을 가지고 있다는 것을 기억하십시오. 되도록 선생님들을 적이 아닌 같은 편으로 인식해야만 합니다. 부모와 선생님들이 같은 팀으로 생각할 때 교직원들은 가족의 목표와 기대를 위해 더 열심히 애써줄 것입니다. 하지만 다행히 여러분이 학교의 지원을 얻게 되더라도 그 누구도 여러분만큼 자녀에게 많은 관심을 가지고 있지는 않다는 것을 명심하세요. 여러분이 아이들의 가장 훌륭한 대변자이기 때문에 자녀 교육에 있어서는 맨 선두에 위치해야 한다는 것이 매우 중요합니다.

부모들은 아이의 학교 선생님들과 우호적인 연락 관계를 맺고 유지시켜 나갈 필요가 있습니다.

Q77 어떤 종류의 교수법이 ADHD인 우리 아이에게 가장 잘 맞을까요?

교실에서 ADHD 아이들은 구조화되어 있지만 강화를 해주는 학습법을 쓸 때 가장 성과가 좋습니다. 교사들은 목표와 기대치들을 매우 분명하게 제시해야만 합니다. ADHD 아동들은 일정부분 특별한 도움이 필요 하기 때문에 아이의 선생님들은 그러한 도움의 필요성을 수용하고 이해해야 할 뿐 아니라 개별적인 학습 계획을 제공하고 관리하는 것에 대해 관대해야 합니다. 아이의 학습을 방해하는 바람직하지 못한 행동들을 줄이기 위해 필요하다면 학급 선생님 누구든지 행동 수정 프로그램을 시행하는데 능숙해야 합니다.

부모가 자녀에게 가장 잘 맞을 것 같은 선생님들을 구체적으로 알아내기 위해 학교 행정가들과 상의해보는 것도 중요합니다. 예를 들어 어떤 선생님들은 과잉 행동을 보이는 ADHD 아이들의 무질서함, 충동성, 안절부절 못함에 대해 훨씬 쉽게 이해해줄 수 있습니다. 일부 선생님들은 ADHD 아이들을 위한 행동적, 학업적 개입에 필수적인 특별한 교육 방법에 대해서 기술이나 경험, 관심을 가지고 있지 못합니다. 학급 배치가 결정되는 때 여러분의 자녀가 특별한 도움이 필요하다는 것을 명확히 하고 적절히 고려되도록 하십시오.

Q78 우리 아이가 특별한 편의나 또는 특수 교육 프로그램이 필요한지 아닌지 어떻게 알 수 있나요?

일부 아이들 특히 ADHD 증상이 경미하거나 보통 수준이라면 약물 치료만으로 일반 학급에서 어느 정도 잘 지냅니다. 그렇지 못한 아이들의 경우 더욱 적극적인 편의 사항이나 심지어 특수 교육을 받게 하는 것이 필요할지도 모릅니다. 이 시점에는 여러분의 아이와 교사들의 이야기에 귀 기울이는 것이 매우 중요합니다. 부모들은 자녀의 성적표를 면밀하게 살펴야 하고 학부모-교사 회의에서 주어지는 단서들을 조심스레 기다려야만 합니다. 선생님의 평가를 정확히 파악하기 위해 노력하세요. 특정 교과 과정, 좋지 않은 교사-학생 관계, 혹은 아이의 성적이나 나쁜 행동의 직접적인 결과로 인한 문제가 어느 정도인지 파악하십시오. 아이들이 일반 학급에서 자신의 학습 능력을 저해하는 학업적, 정서적, 사회적 어려움을 경험하고 있다면 개인적으로 필요한 것들을 좀더 직접적으로 제공해줄 수 있는 특수 교육 학급을 한번 생각해볼 때입니다. 특수 교육 학급에서 교사는 더 적은 수의 아이들을 맡게 될 것이고 아이들이 정보들을 더 잘 입력하고, 이해하고, 통합하고 처리하도록 도와주는 전문적인 기술을 사용할 기회를 더 많이 가지고 있습니다.

여러분이 깨달아야 할 또 다른 중요한 점은 아이의 학업에 필요한 것들은 시간이 지남에 따라 변할 수 있다는 것입니다. 따라서 어느 한 시점에서 아이가 학교에서 필요로 하는 것들에 대해 잘 이해하고 있다 하더라도 여러분과 학교 관계자들 모두 열린 마음으로 자주 재평가를 해나가야 합니다. 아이, 학교, 여러분 자신 모두의 입장에 따라 변화하는 요구, 기대, 필요로 하는 것들에 대응하기 위해 준비를 하고 있어야 합니다.

아이의 학업에 필요한 것들은 시간이 지남에 따라 변할 수 있습니다.

Q79 ADHD 아이를 위해 학교에서는 어떤 편의를 제공하도록 해야만 할까요?

합당한 편의 사항이란 자녀들의 학업이 잘 이루어지도록 또는 학업이 이루어졌음을 더 잘 보여줄 수 있도록, 다시 말해 실제 학업 성취도를 제대로 평가 받을 수 있도록 교직원들이 해줄 수 있는 것을 말합니다. 이들 합의 사항에는 교실에서 정보가 제시되거나 표현되는 방식을 개조하거나 조절하는 것도 들어가 있습니다.

학교 임직원들은 배우는데 어떤 것들이 필요한지, 어떤 교수 방법을 써야 하는지를 바꿀 수 있습니다.

일부 학교 편의 사항들은 일반적으로 장애 학생들을 위해 제정된 것입니다. 그 내용은 다음과 같습니다:

- **필기 시 편의 사항** : ADHD 학생들은 대개 조직화되고 유용한 방식으로 필기를 하는데 어려움을 가지고 있습니다. 부모들은 ADHD 아이들이

수업 시간에 녹음기를 사용하도록 요청할 수 있습니다. 이를 통해 아이들은 강의를 두 번 들을 수 있고 수업 시간 동안 한 필기를 고칠 수 있습니다. 필기를 위한 기본적 골격으로 사용하기 위해 강의 개요를 제공해 달라고 교사에게 요청할 수도 있습니다. 때때로 두 명의 학생들이 서로 노트를 교환해 보거나 또 다른 아이의 노트 복사본을 받을 수 있게끔 짝을 지어주는 제도를 만들어서 교사들이 아이를 도와줘야 한다고 요구할 수도 있습니다. 일부의 경우 특히 정확한 필기가 매우 중요한 상급반에서는 누군가 다른 사람이 아이의 노트 필기자 역할을 하도록 부모가 요구할 수 있습니다.

- **시험 시 편의 사항** : ADHD인 학생들은 학급 시험이나 SAT 같은 표준화된 시험을 보는데 추가적인 시간을 일반적으로 요구할 수 있습니다. 게다가 주의 산만을 최소화하기 위해 ADHD 학생들은 교실에서 조용한 구역이나 심지어 별도의 공간에서 시험을 치르기를 요구하기도 합니다. 추가적인 장애가 있는 학생들은 시험지를 크게 읽어주거나 혹은 대필자 서비스를 쓰는 등의 사항을 요구하기도 합니다.

- **교과 자료들** : ADHD인 학생들은 그날 그날 과제에 필요한 교과서들을 모두 잘 기억해서 집에 챙겨와야 하는 끊임없는 중압감을 피하기 위해 집에 둘 수 있는 여분의 교과서 세트를 요청하기도 합니다. 게다가 많은 양의 글을 읽어야 하는 것은 ADHD 학생들에게 힘든 일이기 때문에 주의가 산만해지는 것을 감소시키는데 도움을 주기 위해 "테이프에 녹음이 된 책, 즉 오디오 북"을 요구하기도 합니다. 특히 시각적 조직화나 시각-운동 장애를 보일 때 노트북 컴퓨터를 사용하는 것이 ADHD 아이들에게 유용할 수 있습니다.

• **시간** : 시간 관리 문제는 ADHD 학생들에게 흔한 고민거리입니다. 이들은 수업들 사이에 사물함에 깊이 파묻혀 있는 필요한 학습 자료들을 챙기기 위해 추가적인 시간을 필요로 합니다. 이들은 또한 한 수업에서 다른 수업으로 가는데 여분의 시간이 필요할지도 모릅니다. 이동 할 때 특별히 친구를 옆에 붙여주는 방법은 수업 받으러 가는 도중 산만해지는 것이나 길을 벗어날 가능성을 줄여주는 좋은 아이디어가 될 수 있습니다. 일반적으로 ADHD 학생들은 자기 시간의 우선 순위를 정하고 이를 관리하는 법에 대한 교육을 통해 많은 도움을 받습니다. 매일 혹은 일주일 단위로 학업이나 과외 활동에 일정을 계획하고 관리하고 숙제와 여러 책임 사항들의 우선 순위를 정하는데 ADHD 학생을 도울 수 있는 "담당자"를 학교가 위임하도록 하십시오. 또한 ADHD 아이들은 과제를 끝마치는데 시간이 더 걸리기 때문에 쓰기 숙제의 부담을 줄여주기 위해 교사가 숙제를 조정하도록 하는 것이 도움이 됩니다.

> 시간 관리 문제들은 ADHD인 학생들에게 흔한 고민거리입니다.

• **교실에서의 적응** : 아이들은 매우 쉽게 산만해지기 때문에 ADHD 학생들은 교실의 앞쪽 자리에 앉을 필요가 있습니다. 학습 장애나 행동 문제가 두드러진다면 보조 교사를 요청하는 것이 필요할 것입니다. 교실에서 역할 모델을 제공해주고 정서적 지지를 주는 사람이 있다면 ADHD 아이들은 자신의 행동을 모니터하고 통제하는 기술들을 더 잘 배울 수 있습니다. 일반적으로 교실에서 보조 교사는 필요할 때 관리 감독과 개입을 하면서 부수적인 교사 역할을 수행합니다. 나머지 다른 아이들은 종종 이 보조교사가 맡고 있는 학생이 누구인지를 알지 못합니다.

• **의사소통** : 부모와 교사들은 ADHD 아이를 도와주기 위해 협력할 필요가 있습니다. 자녀가 매일매일 어떻게 수행을 하고 있는지 그들이 숙제

를 끝내고 제출했는지에 대해 부모에게 알려주기 위해 이메일이나 서면으로 된 일지 같은 것이 일상적인 연락 방법으로 사용됩니다. 이렇게 하면 성적표를 받고 나서야 아이의 문제를 알게 되는 오류를 피하고 미리 문제들을 막을 수 있습니다.

Q80 우리 아이에게 특수 교육 서비스를 받게 하려면 어떤 과정을 밟아야 하나요?

각 주마다 법률이 다르기는 하지만, 대개 학교들은 일반적인 형식을 따릅니다. 대부분의 경우 특수 교육 위원회(CSE)가 평가나 특수한 치료 서비스에 대한 요청서를 접수합니다. 이러한 요구들은 부모로부터 온 것일 수도 있고 교사로부터 온 것일 수도 있습니다. 부모의 허락을 받고 학교 관계자들은 공식적인 평가를 시행합니다. 여기에는 설문지, 표준화된 검사, 교실에서의 행동 관찰, 면담 등이 포함됩니다. 어떤 가족은 외부에서 개인적으로 검사 비용을 대고 검사를 받는 것을 택할 지도 모릅니다. 이러한 개인적 평가는 학교 검사를 대체하거나 학교에서 이루어지는 평가 외에 추가적으로 시행 되는 것일 수도 있습니다. 다음으로 부모, 선생님들, 평가자들, 지원 팀이 결과물을 제출하고 의견을 건의하기 위해 만나게 될 것입니다. 이 모임에서 참가자들은 잠정적인 진단과 치료 서비스나 편의 사항에 대한 제안들에 합의를 하게 됩니다. 이 모임 이후 학교 관계자들은 IEP(Individual Education Program)을 작성할 것이고 이에 대한 동의와 서명을 받기 위해 해당 학부모에게 서류를 보낼 것입니다.

Q81 IEP란 무엇인가요?

IEP는 "Individualized education program(개별화된 교육 프로그램)"의 첫 글자들을 따서 만든 용어입니다. IEP는 장애가 있는 학생들을 위한 교육 계획을 기술한 몇 가지 필수 요소들이 포함된 문서입니다. 이 계획은 학교 당국에 의해 수립된 다음 정기적으로 검토되고 개정됩니다. ADHD 아동들의 IEP에는 현재 아이의 교육 성취 수준에 대한 내용, 가능한 연간 목표 리스트, 그리고 특수 교육과 관련 서비스에 대한 설명 등이 포함되어 있습니다. 여기에는 또한 아이들에게 제공될 프로그램의 변동 사항이나 지원 사항에 대한 내용이 포함되어 있기도 합니다. 또한 IEP에는 서비스가 시작될 예상 날짜와 서비스의 예상 횟수, 장소, 지속 기간 등이 들어가 있습니다. 끝으로 연간 목표에 대한 아이의 진척 사항을 어떻게 평가할 것인지도 설명되어 있습니다.

IEP의 한 가지 중요한 기능은 연간 목표가 달성되었는지 아닌지를 결정하는데 있어 누가 책임을 질 것인지가 명시되어 있다는 것입니다. IEP는 여러분의 아이가 필요로 하는 것에 대해 구체적이며 명확하게 제시되어 있습니다. 이것은 아주 구체적이어야만 효과가 있습니다. 가장 중요한 것은 IEP는 아이부모가 서명하지 않는 한 법적으로 승인되지 않은 문서입니다. 다시 말해 부모들은 IEP에 기술된 것에 대해 반대할 권한과 변경을 요구할 권한이 있습니다.

Q82 장애 학생들은 왜 이것이 필요한가요?

장애인 교육법(IEDA)은 특수 교육 서비스를 받는 모든 장애 학생들은

IEP-각 학생들을 위해 서면으로 작성된 교육 프로그램-를 갖추도록 정하였습니다. IEP는 교직원들이 ADHD 아이들의 특수한 필요들을 충족시키는 것을 돕고 교육 목표를 세우는데 여러분이 참여하는 것을 도와줍니다. 이것이 바로 IEP가 개별화된 교육 프로그램이라 불리는 이유입니다. IEP의 목적은 모든 사람들-아이, 가족, 교사들-이 여러분 아이의 교육 프로그램이 어떻게 전개될 것인지를 알고 있다는 것을 확실하게 해주는 것입니다.

기본적으로 IEP는 관리 감독과 책임을 제공한다는 점에서 학교 제도와 맺는 하나의 계약이라 볼 수 있습니다. 이는 달성되어야 할 목표가 무엇인지와, 이를 달성하기 위해 학교가 책임을 지고 있다는 것을 여러분에게 알려주는 것입니다.

> 기본적으로 IEP는 관리 감독과 책임을 제공한다는 점에서 학교 제도와 맺는 하나의 계약이라 볼 수 있습니다.

Q83 누가 IEP 회의에 오고 거기서 어떤 일들이 일어나나요?

여러분과 여러분의 자녀는 아이의 IEP를 수립하고 개정하기 위해 적어도 매년 한번씩은 IEP회의에 참여할 자격이 있습니다. 회의 참석자들은 여러분 자녀의 교육을 담당하는 사람들입니다. 이 팀의 구성원으로는 부모, 선발된 교사들(일반 교육 및 특수 교육 교사진 둘 다), 학교 상담가나 심리학자들 그리고 서비스와 자원 체계들에 정통한 학교 특수 교육 대표자들이 포함되어 있습니다. 덧붙여 학교 당국자들은 특수한 전문가들을(예: 언어 치료사, 독서 컨설턴트, 작업 치료사) 초빙하기도 합니다. 또한 여러분이나 학교 관계자들이 아이의 프로그램 계획에 도움이 될 수 있을 거라 생각되는 그 밖의 사람들 또한 초대할 수도 있습니다. 또는 여러분이 의지하고 지지를 받기 위해 특수 교육을 받는 자녀를 둔 부모를 참여시킬 수도 있습니다.

또한 적절하다고 생각되면 언제든지 여러분의 자녀를 모임에 참여시켜도 좋습니다.

회의의 형식은 특정 학군마다 정해진 제도에 따라 다릅니다. 그러나 일반적으로 IEP 회의는 지난해 아이의 진전에 대한 자세한 설명으로 시작합니다. 여기에는 교사나 전문가의 의견들과 교사진이나 외부 전문가의 평가 보고서들이 포함됩니다. 내년에 제공될 적절한 서비스를 결정하기 전 아이가 현재 필요로 하는 부분에 대한 토론이 이어집니다.

Q84 *1973년의 재활 법 504조(Section 504 of the Rehabilitation Act) 또는 미국 장애인 법(the American with Disabilities Act)에 따르면 우리 아이가 장애자로서 자격이 부여된다고 들었어요. 이 법들은 무엇인가요? 우리 아이가 특수 교육 서비스에 대한 자격이 없다면 이 법률들에 따라 편의 사항들을 보장 받을 수 있나요?*

1973년의 재활 법 504조는 장애가 있는 사람들을 위한 중요한 연방 법률입니다. 504조는 민권법입니다. 이 법의 일반적인 목적은 장애인들이 그들의 장애로 인해 차별 받는 것을 방지하는 것이지요. 504조의 보호를 받기 위한 자격 요건이 되기 위해선 아이가 적어도 한 가지 이상의 중요한 일상 활동을 상당히 제한하는 신체적 혹은 정신적 장애를 가지고 있어야만 합니다. 미국 장애인 법(ADA)도 매우 유사한 법안입니다. 이는 504조의 형식을 따르기는 하지만 504조에서 개설된 권리와 절차를 따라야 하는 기관들을 확대시켰습니다.

504조와 ADA는 IDEA에서 제공되는 직접적인 특수 교육 서비스를 보장해주지 않는다는 것을 이해하는 것이 중요합니다. 504조와 ADA는 장애아들을 차별로부터 보호하는 것입니다. 다시 말해서 504조와 ADA에 해당되는 아이들이 IEP를 가지는 것은 아니며 명확하게 정해진 서비스에 대한 자격 요건이 반드시 있는 것도 아닙니다. 그러나 많은 ADHD 아이들이 진단 가능한 다른 학습 장애를 가지고 있지 않기 때문에 504조는 많은 ADHD 학생들이 도움을 얻을 수 있는 매개체가 됩니다.

그 법률에는 장애 학생을 위해서 합리적인 제도 장치가 마련되어야만 한다고 기술되어 있는데 합리적인 제도 장치란 무엇을 말하는 걸까요? 504조와 ADA에서 말하는 일반적인 편의 사항들에는 보조적인 기술을 사용하고 효과적인 의사 소통을 방해하는 장애물을 제거하고 규칙과 정책들을 바꾸는 것이 포함되어 있습니다. 이는 시험 볼 때 학생들에게 추가 시간을 보장해주거나 다른 평가 방법을 사용하는 것을 허용해주는 것을 의미합니다. 또한 일부의 경우 교사들은 장애 학생의 요구에 응하기 위해 교과 과정, 교재, 구성 등을 바꿀 것입니다.

504조에 따르면 부모가 자신의 아이가 ADHD든 다른 어려움이든 간에 장애가 있다고 생각한다면, 그리고 학교 당국이 아이가 특수 교육과 관련 서비스를 필요로 한다고 생각할 만한 이유를 가지고 있다면, 학교는 아이가 504조에 정의된 바에 따른 장애가 있는지 아닌지를 판단하기 위해 평가를 하도록 법적으로 의무가 주어집니다.

Q85 제가 변호사와 상의할 필요가 있나요?

여러분과 학교 당국 사이에서 여러 일들이 순조롭게 진행되고 있다면 법적인 자문을 구할 필요는 없습니다. 그러나 관계가 우호적이지 않은 상황이라면 아이의 법적 권리에 대해 해박하게 알고 있는 법률가나 변호사에게 상의를 해보는 것은 좋은 방법이 될 것입니다. 그러나 IEP나 학교 회의에 변호사가 있으면 바람직하지 못한 영향을 줄 수도 있다는 것을 명심해야 합니다. 이는 학교 관계자들을 매우 방어적으로 만들며 실제로 앞으로의 상호교류에 부정적인 영향을 끼치기 때문이죠. 다시 말해 그런 "비장의 무기"를 꺼내 놓는 것이 아이를 위한 최선의 이익에 도움이 되는지 아닌지를 심사숙고 해야 합니다. 그러나 여러분이 아이가 받을 만하다고 여겨지는 여러 혜택들을 받게 하려 애쓰고 있는 중이라면 변호사는 여러분에게 상당히 중요한 정보들을 제공해줄 것입니다.

Q86 *우리 아이는 여러 편의 사항들에도 불구하고 공립학교 제도 속에서 수년 동안 힘들어 하며 불행하게 지내 왔습니다. 다른 대안들에는 어떤 게 있나요?*

공교육에 대한 대안으로 이용할 만한 것들이 있습니다. 그러나 얼마나 유용한지는 크게 여러분이 어디에 살고 있는지에 따라 달라집니다. 여기에는 종교학교, 사립학교, 특수학교, 심지어 기숙 학교들이 포함됩니다. 결정을 하기 전 각 대안들의 장, 단점에 대해 살펴보는 것이 중요합니다.

우선 비용이 하나의 요인이 됩니다. 일부 선택 사항들은 꽤나 비용이 비싼데 특히 특수학교는 아이 교육을 위해 연간 30,000달러나 그 이상이 들 수 있습니다. 학교 제도가 이 비용을 지불할 수도 그렇지 않을 수도 있습니다. 만약 공립(또는 지금 다니고 있는) 학교 관계자들이 여러분 자녀의 문제를 자신의 학교 제도 내에서 관리할 수 있다고 여긴다면 그들에게 비용을 요구하는 것은 어려우며 법적인 조치가 수반될 것입니다. 그러나 만약 현재 다니고 있는 학교가 분명히 여러분의 자녀의 문제를 다룰만한 준비가 되어 있지 않았고 시간이 지날수록 이러한 점이 명백해지고 있다면 여러분은 학교 제도 밖에서 자녀를 교육하는 것에 대한 비용을 지불하는 책임을 학교 측에 납득시킬 수 있을 것입니다. 이러한 일은 일상적인 문제는 아니라는 것을 이해하는 것이 매우 중요합니다. 여러분들은 학교 관계자들이 여러분만큼 아이 교육에 헌신해야 한다고 생각할지도 모르지만 사교육 비용을 지불하는 것은 그들로서 확실히 큰 투자입니다. 그럼에도 불구하고 주 정부의 지원제도를 통해서 이런 특정 교육 제도에 대한 부담이 덜어질 수 있다는 것도 알고 있는 것이 좋겠습니다.

둘째, 일반적인 사립학교들은 여러분이 원하는 장점을 가지고 있지만 일부분은 부족한 면이 있기도 합니다. 전통적으로 사립학교는 학급 규모가 작고 훨씬 더 개인적인 배려를 받을 수 있습니다. 그러나 특수한 치료 서비스들을(예. 작업치료, 사회기술훈련집단, 독서치료 혹은 학습 보조실) 아이가 이용하는 것이 훨씬 힘들 수 있습니다.

셋째, 각기 다른 학교 유형들은 그들만의 장, 단점이 있습니다. 예를 들어 사립 학교에 가면 아이가 소규모의 학급에 들어가게 되지만 훨씬 경쟁적인 상황에 놓이게 됩니다. 교과 과정이 어려워지고 똑똑한 반 애들을 상대하게 되면 소규모 학급에 있음으로 얻을 수 있는 편안함은 감소됩니다. 특수 학교는 정리 기술, 수학 또는 읽기 전략에 있어 큰 도움을 제공해주지만 또한 여러분의 자녀보다 훨씬 더 장애가 심각한 많은 아이들의 요구를 충족시켜야만 합니다. 기숙 학교는 적절한 요인들을 제대로 잘 갖추고 있을 수도 있지만 거기에 들어간다는 것은 여러분이든 아이 쪽이든 이를 수용할 준비가 되기도 훨씬 전에 바로 아이가 집을 떠나 지내야 한다는 의미가 됩니다.

제 5 부

심리 사회적 문제들

- 우리 아이에게 ADHD 진단에 대해 어떻게 이야기 해줘야 하나요?
- 십대인 우리 아이는 항상 동기가 없고 무관심해 보입니다. 이런 것은 ADHD에서 일반적인 건가요?
- 우리 아이의 ADHD 증상들은 일생 동안 지속되나요?

그 외…

Q87 우리 아이에게 ADHD 진단에 대해 어떻게 이야기 해줘야 하나요?

아이에게 ADHD 진단에 대해 말해주는 문제는 중요하게 고려할 사항입니다. 어떻게 이야기를 할 것인지 그리고 무엇을 이야기 할지는 자녀의 나이와 성격, 그리고 여러분의 양육 스타일에 따라 다릅니다. 걱정하지 말고 아이에게 이 진단을 비밀로 하지도 마십시오. ADHD 아이들은 자신에게 신체적으로 무슨 상황이 일어나고 있는지, 왜 사람들이 자신의 행동에 대해 그렇게 심한 반응을 보이는지, 현실적으로 무엇이 자기 의지에 따라 통제 가능하고 무엇이 통제 불가능한지를 이해할 필요가 있습니다.

> ADHD 아이들은 자신에게 신체적으로 무슨 상황이 일어나고 있는지, 왜 사람들이 자신의 행동에 대해 그렇게 심한 반응을 보이는지, 현실적으로 무엇이 자기 의지에 따라 통제 가능하고 무엇이 통제 불가능한지를 이해할 필요가 있습니다.

어린 아이의 경우라면 그들 행동에 뚜렷이 영향을 미치는 의학적 문제가 있다는 것을 아이에게 설명해 주라고 충고를 합니다. 대부분 이 아이들은 자신의 행동의 일정 부분을 통제해보려 애를 쓸 때 이것이 잘 안 된다는 것을 경험해왔습니다. 어린 아이들은 모든 문제와 반응에 자기가 전적으로 책임이 있지는 않다는 것을 알게 되면 안심을 하게 됩니다. 아이들에게 이야기를 할 때가 된 것 같지만 어떻게 말을 꺼내야 할지 자신이 없을 수도 있습니다. 어린 아이들에게 ADHD의 원인과 특성들을 설명해주는데 특히 도움이 될만한 아동용 도서 신간들이 있습니다. "집중 좀 해라", "수업 좀 방해 하지 말아라" 라는 말을 계속 듣는 초등학교 또래 아이에 관한 책을 읽는 것도 대화를 꺼낼 수 있는 좋은 방법입니다. 이런 책들에는 초등학교 아이와 이야기를 나누는데 있어 중요한 많은 정서적인 고민거리들이-어질러진 책상에 대한 선생님의 반응, 친구들로부터의 따돌림으로 인한 마음의 상처 또는 학교 양호 선생님에 약을 받으러 가야 하는 필요성-다루어져 있습니다. 좀더 나이가 있는 아이들도 또한 자신의 나이 대에 맞는 ADHD 관련 도서들을 읽어봄으로써 도움을 얻을 수 있을 것입니다.

ADHD에 대해 배워가는 것은 지속적인 과정입니다. 어린 아이들은 자신의 통제 내에 속하지 않는 것들을 익혀나가는 반면 좀더 나이가 있는 아이들은 자신이 무엇을 통제할 수 있는지를 배워야만 할 것입니다. 십대들은 ADHD가 자신의 공부나 대인 관계에 어떤 영향을 주는지 뿐 아니라 스스로를 통제하고 필요한 것을 스스로 해내는 법들에 대해서도 배울 필요가 있습니다. 청소년들은 또한 공부에서의 어려움에 대해 선생님과 솔직하게 상의하고 그들이 필요로 하는 도움이나 편의 사항을 얻을 수 있도록 자기 스스로를 변호하는 법을 배울 수 있습니다. 또한 청소년기는 여러 가지 시도와 더불어 규칙 위반 행동도 해보는 최적의 시기입니다. 부모와 사회가 규칙들을 정해 놓지만 결국은 십대들이 이를 결정할 것입니다. 좀더 나이가 있는 아이들과 논의를 할 때는 그들이 현명한 선택을 내리는 것을 배우고 자신의 행동에 대해 책임을 갖는 법을 알도록 돕는 것에 중점을 두어야 합니다. 특히 약물 문제는 십대 자녀들과 상의를 해야 하는 중요한 주제입니다. 각성제 약물은 통제된 약물입니다. 고등학교를 졸업하면 아이들은 자신의 약물에 대해 책임감을 갖게 될 가능성이 높습니다. 십대 아이들이 약물을 잘 사용하고 남용하지 않는 법을 이해하는 것이 중요합니다.

88 우리 아이가 ADHD 진단을 이제 받았는데요, 다른 가족이나 친구들에게 그 사실을 알려야만 하나요?

자녀의 진단에 대해 다른 사람들에게 말하는 것은 장, 단점 모두가 있지만 우리는 진단에 대해 솔직해지라고 권해주고 싶습니다. 많은 경우 이런 상황은 의학적 진단을 받는 것과 유사합니다. 만약 자녀가 천식 진단을 받게 된다면 아마 그 즉시 수화기를 집어 들고 모든 가족과 친구들에게 이를 알리지는 않을 것입니다. 그러나 친구나 가족 중 한 명이 아이의 행동에 대해 말을 꺼낸다면 아마 자녀의 병에 대해 말을 할 것입니다. 또한 가족이나 친구들이 여러분의 자녀를 오랫동안 돌봐준다면 여러분은 필요한 의학적인 정보를 그 사람들에게 말해줄 것 입니다. 마찬가지로 아이의 행동이 문제가 되는 경우라면 여러분은 ADHD 자녀와 매일 접하며 지내는 사람들에게-교사들, 보모, 아이 친구들의 부모들-도움이 되도록 그 진단에 대해 알려주어야만 합니다. 오늘날 ADHD 진단에 대해 낙인을 붙이는 경우는 거의 없습니다. 여러분이 존중하고 편안한 태도로 이 문제에 접근한다면 자녀와 관련이 있는 친구들, 가족들, 전문가들도 마찬가지의 모습을 보일 것입니다.

89 ADHD라는 것은 우리 아이가 친구들을 사귀고 관계를 유지해나가는 것을 힘들게 만드나요?

일부 ADHD 아동들은 대인 관계에 어려움을 가지고 있습니다. 몇몇 수다스럽고 흥미가 많은 ADHD 아이들은 초반에 쉽게 친구들을 사귑니다. 그러나 그 ADHD 아이들이 친구 관계를 유지하고 발전시켜 나가는데는 어려움을 보일 수 있습니다. ADHD 친구들에 대해 어린 아이들이 이야기하는 공통적인 불평들은 이들의 몸가짐 방식에 관한 것들입니다. ADHD 아이들은 자주 말 대신 툭 건드리지요. 거기에는 너무 거칠게 몸을 건드리는 것과 지나치게 많이 껴안는 것 둘 다 포함될 수 있습니다. 다른 아이들은 여러분의 자녀가 신체적 접촉을 하는 것에 불편해 할 것입니다.

ADHD 아이들이 커가면서, 그들은 사회적 규준들을 지키지 못함에 따르는 훨씬 큰 대가를 치르게 됩니다. 활동들이 더 많이 집단 위주로 진행되기 때문에 ADHD 아이들은 여기에 참여하는데 훨씬 더 힘들어질 것입니다. 다른 사람들에게는 일상적인 사회 기술들이 ADHD 아이들에게는 종종 자연스럽게 나타나지 못하지요. 이들은 대화를 방해하고, 대화를 주고 받는 법을 모르고, 부적절하게 대화 주제를 바꾸고, 또는 끊임 없이 말을 해대는 것으로 악명이 높습니다. ADHD 아이들은 또한 경청을 잘하지 못합니다. 이런 식의 의사 소통 상의 문제들은 또래 친구들이 점차 이들의 사회 기술 부족을 참지 못하게 됨에 따라 결국 대인 관계에 영향을 주게 됩니다. 또한 이들의 미성숙함, 충동성, 주의 집중 부족은 또래들이 이 아이들을 거부하게 만드는 특성들입니다. 이는 모든 ADHD 아이들이 대인 관계 어려움을 가지고 있다는 것을 뜻하지는 않습니다. 그러나 이 장애의 특성으로 자주 보고되는 것들입니다.

Q90 *가정, 학교에서 그리고 친구들과의 관계에서 청소년 ADHD 자녀의 문제들을 잘 대응하는데 있어 어떤 치료적 방법이 제게 가장 도움이 될까요?*

모든 ADHD 아이들이 치료를 필요로 하는 것은 아닙니다. 이전에도 얘기 했듯이, 일부 아이들은 그들의 집중력과 학업 성취를 개선시키는데 있어 약물 치료(3부에서 논의함)로도 충분합니다. 하지만 많은 ADHD 아이들이 학업적인 면뿐 아니라 또래 관계나 가족들과의 관계에서 힘들어 합니다. ADHD 아이들은 대인 관계 어려움, 또래로부터의 거부, 학업 실패들을 겪을 때 몹시 혼란스럽고 우울하게 될 수 있습니다. 그들은 자신들이 "부적절하다"는 감정으로부터 생겨난 불안감을 내면화 할 수 있지요. 기본적으로 부모들, 교사들, 친구들로부터 반복되는 부정적 평가는 이런 불안감을 한층 증폭시킬 수 있습니다. 일부 ADHD 아이들은 허세를 떨며 이러한 감정들에 대해 방어합니다. 또 다른 ADHD 아동들은 사회적인 인정을 받기 위해 유머와 카리스마를 사용함으로 이러한 자신들의 어려움을 보상합니다. 그러나 커가면서 적절한 행동에 대한 또래들의 기대 역시 점점 달라지게 되고 주의산만, 충동성, 부주의함 같은 이 아이들의 문제들은 점차 더 많은 대인 관계 문제들을 초래할 수 있습니다.

이러한 어려움의 결과 기분과 자존심에 변화가 생겨날 수 있습니다. 지지적인 심리 치료는 이런 자존심과 관련된 문제들을 다루는데 있어 안성 맞춤입니다. 이런 형태의 치료법으로 ADHD 아이들은 쉽게 더 많은 통찰력과 이해를 얻을 수 있습니다. 치료의 본질적인 측면 중 하나는 심리 교육적인 요소가 있어야 한다는 것입니다. ADHD의 증상, 원인, 결과에 대해 아이를 교육시키는 것은 심리 치료 과정 중의 일부분입니다. 아이가 자신의 질병에 대해 더 많이 이해할수록 그들은 행동의 어떤 부분이 실제로 변화 가능한지를 올바르게 인식할 수 있고 그들의 행동에 대해 더 많은 통제력을 발휘하기 시작할 것입니다.

전문가가 이끄는 사회 기술 집단 모임 또한 또래 관계의 미묘한 규칙들을 효과적으로 다루는 법을 ADHD 아이들이 배우기에 유용한 곳입니다. 그러한 모임들에서 자연적으로 나타나는 상호 작용들은 행동들을 목표로 삼아 적절한 사회 기술을 가르치는 훌륭한 기회의 장이 될 수 있습니다.

Q 91 아이의 ADHD는 우리 가족생활에 있어 정말 분노와 좌절을 일으킵니다. 저는 무엇을 할 수 있나요?

기본적으로 안전과 양육의 근원인 가정이 ADHD 아이들에게는 형제 자매, 부모와의 끊임 없는 마찰로 인해 또 다른 스트레스의 장이 되면서 상당한 문제들이 나타날 수 있습니다. ADHD 아동들은 종종 품행이 단정하고 유능한 아이라는 표준적인 양식에는 잘 맞지 않는 아이들입니다. 그들은 수용받는 것에 꽤나 민감하고 최소한의 비판조차 하나의 거절로 받아들입니다. ADHD 아이들은 매우 많은 관심을 요구하기 때문에 다른 가족 구성원들은 전체 가족이 ADHD 아이에 의해 좌지우지된다고 느끼기 시작할 수 있습니다. 형제 자매들은 자신들도 비슷한 것들이 필요한데 가족들의 관심을 덜 받을 때 특히 힘들어 할 수 있지요.

> ADHD 아이들은 매우 많은 관심을 요구하기 때문에 다른 가족 구성원들은 전체 가족이 ADHD 아이에 의해 좌지우지된다고 느끼기 시작할 수 있습니다.

가족에서의 역할은 아주 고정되어 변화시키기가 어려울 수 있습니다. 예를 들어 ADHD 아이의 가장 일반적인 역할은 가족 내에서 "힘든" 아이가 되는 것입니다. 가족들은 자신들의 가족 체계에 그런 아이가 잘 적응하는 것을 돕기 위해 상당한 양의 에너지와 집중을 쏟아야만 합니다. 다른 자녀들은 문제를 보이는 형제 자매에게 그런 관심이 쏟아지는 것에 대해 몹시 분개 할 수 있습니다. 이렇게 아이 행동이 야기하는 반응들 때문에 결과적으로 가정은 ADHD 아이의 부정적인 행동이 강화되는 또 다른 곳이 되기도 합니다. 아무리 화목한 가정일지라도 ADHD 자녀를 자신들의 가족 틀 안에

통합시키는데 어려움을 경험할 것입니다. 그 결과 집에서 안전하고 편안함을 느끼는 대신 ADHD 아이들은 자신의 가족 내에서도 고립과 외로움을 느끼게 됩니다.

가족 치료 전문가에게 도움을 구하는 것이 매우 유용할 수 있습니다. 여타 치료 상황에서 ADHD 아이는 이미 "정해진 환자"로 여겨집니다. 가족 치료에서는 규칙에 차이가 있습니다. 모든 가족 구성원들이 자신들의 개인적 요구를 표현하고, 그들의 대화 기술을 개선시키고, 적절한 기대 수준을 정하고, 하나의 가족으로 더 잘 기능하도록 돕는 것으로 치료적 초점을 바꿈으로써 전체 가족 구성원들이 환자가 되게 됩니다. 의심할 바 없이 ADHD 자녀가 있다는 것은 결혼 생활에 상당한 압박감을 가합니다. 키우는데 이렇게 "상당히 많은 노력을 필요로 하는" 아이들은 부부가 양육 방식이나 의사 결정 과정에 있어 더욱 단합할 것을 요구합니다. 어떤 가족 치료자는 특히 부모들에 개입하여 서로 좀더 효과적으로 의사 소통하는 것을 돕거나, 상황을 평가하거나, 적절한 규칙들과 한계를 세우거나, 가족 갈등을 처리하고 결정을 내리는데 있어 도움을 주기도 합니다.

부모들을 위한 또 다른 방법으로는 부모 지지 집단이란 것이 있습니다. 전국에 걸쳐 이러한 수많은 "자조"(self-help) 집단이 존재합니다. 이 모임들은 ADHD 자녀에 대해 유사한 고민과 관심을 가지고 있는 여러 다른 부모들을 만날 수 있는 정말 좋은 기회를 제공해줍니다. 이야기를 서로 나누는 것은 고립감과 스트레스를 상당히 경감시켜 줄 수 있지요. 동시에 다른 부모들의 경험들을 통해 배울 수 있는 기회도 많습니다.

Q92 행동 문제들에 대해 우리 ADHD 아이를 훈육하는 가장 좋은 방법은 무엇인가요? 더 많이 제한시켜야만 하나요?

대부분의 전문가들은 ADHD 아이의 부모들이 분명한 규칙과 규칙을 깨는 것에 따른 결과들을 정해놓는 것이 매우 중요하다고 강조할 것입니다. 행동 관리 프로그램은 규칙을 어기고 부적절한 행동들을 보이는 아이들에게 가장 도움이 됩니다. 이러한 형태의 프로그램은 아이가 바람직한 행동을 더 자동적으로 하도록 돕기 위해 부모들이 특정 행동을 강조하고 강화한다는 점에서 보상 체계를 기반으로 하고 있습니다. 이 체계 아래서 부모는 문제가 되는 행동들은 무시하거나 부정적인 대가를 치르도록 합니다. 흔히 아이들은 정해진 목표나 보상을 받기 위해 노력하면 포인트를 받게 됩니다. 이런 체계의 목적은 외부 사회로까지 확장될 수 있도록 집에서 행동 패턴을 정해 놓는 것입니다.

이런 프로그램에서는 명심해야 할 점이 있습니다. 예를 들어 여러분이 규칙에 대해 설명할 때 아이가 집중을 하고 있는지를 확인하라는 것입니다. 이는 특히 여러분이 공공장소로 외출 했을 때 중요합니다. 또한 특정 행동 프로그램을 개발하는데 있어 부정적인 결과들도 보상만큼 명확하게 정해주도록 해야 합니다.

여러분이 ADHD 자녀들에게 승낙해줄 때는 아이들이 이 메시지를 정확하게 이해하도록 하기 위해 말과 동작을 둘 다 사용하면서 직접적으로 해야 합니다. 또한 바람직하지 않은 행동을 제거하는 것뿐 아니라 새로운 긍정적인 행동을 가르치는 구조도 여러분의 프로그램에 설정되어 있어야만 하지요. 다시 말해 아이가 대화에 참여하고 싶을 때 누군가의 이야기를 가로막지 말아야 한다는 것을 배운다는 것이 그들이 집단 토의에 참여하는 적절한 방법을 알고 있다는 것을 반드시 의미하지는 않습니다. 여러분은 대다수의 아이들이 자연스런 발달 과정의 일부로 배우는 행동들을 ADHD 아이들에게는 구체적으로 가르칠 필요가 있습니다. 여기서 중요한 교훈은 구체적으로 가르치지 못한 것들을 자녀에게 기대하지 말라는 것입니다.

Q93 집에서 행동 관리 프로그램을 시작하기 위해서는 전문가를 찾아가봐야 하나요? 아니면 혼자서도 할 수 있나요?

온라인 부모 사이트들은 여러분의 행동 프로그램을 어떻게 시작할지에 대해 아이디어를 제공해준다는 점에서 매우 유용할 수 있습니다. 또한 이 주제에 해당하는 많은 책들이 있지요. 그러나 "행동 관리"라는 주제가 너무 복잡하고 당황스럽다고 여겨진다면 여러분을 도와줄 전문가를 찾아 볼 수 있습니다. 또한 부모들은 특히 아이를 다루는데 애를 먹고 있을 때 항상 객관적인 시각을 유지하는 것이 어렵다는 것을 알게 됩니다. 부모들은 그들과 아이 사이에 파괴적이고 부정적인 피드백 고리를 만들면서 단지 바람직하지 않은 행동에만 반응하고 있다는 것을 쉽게 알 수 있을 것입니다. 그러나 바로 이때가 그들이 행동 계획을 필요로 하는 시점이라는 것입니다. 그럴 때 특정 종류의 외부 도움은 실제로 부모가 프로그램을 시작하는데 있어 매우 도움이 될 것입니다.

94 우리 ADHD 아이는 십대입니다. 청소년들에서는 행동 관리법이 달라지나요?

전문가들은 ADHD 십대 청소년들은 갈등을 해결하기 위한 전략을 세우는데 있어 더욱 적극적인 역할을 취해야만 한다고 제안합니다. 다시 말해 여러분과 여러분의 자녀는 서로 문제들을 명확히 할 필요가 있습니다(예: 통금 시간에 대한 양 쪽 입장을 정하기). 그런 다음 가능한 해결책을 만들어 내고 대안들을 평가하기 위해서 여러분과 여러분의 자녀가 함께 협력하며 하나가 되어야 합니다. 결국 여러분은 상호 동의한 해결책에 대해 합의에 이를 수 있습니다. 원칙적으로 이런 과정 속에서 십대 청소년들은 더 많은 통제감을 획득하게 됩니다. 그런 식으로 그들은 또한 스스로 할 수 있는 행동 양식을 배우게 되는 것이지요.

95 십대인 우리 아이는 항상 동기가 없고 무관심해 보입니다. 이런 것은 ADHD에서 일반적인 건가요?

수많은 ADHD 십대 청소년들이 꽤 열심히 공부하고도 학교 제도 내에서는 거의 보상을 받지 못하는 경험을 합니다. 그들은 또래 친구들의 성취를 따라 잡기 위해 애쓰는 가운데 좌절하게 되고 지치게 되지요. 무관심은 성취에 실패한 아이들이 일반적으로 취하는 방법입니다. 외부와 내부의 요구사항을 충족시키기 위해 노력 하는 대신에 그들은 점차 무관심해지고 동기를 잃게 됩니다. 중요한 점은 좋은 결과를 얻거나 성공하려는 시도를 하지 않는다면, 그들은 이런 실패를 능력 부족의 탓으로 돌릴 수 없게 된다는 겁니다. "나는 노력 하지 않았고 그래서 난 실패한 것뿐이야" 라는 것이 이들의 체면 세우기 전략입니다.

그러나 무관심은 공존하는 우울증으로 인한 증상일 수 있습니다. ADHD 아이들이 지속적으로 학교에서 성취가 좋지 않다면 교사들을 만나보고, 특별한 치료적 도움을 구하고, 편의를 제공해주고 혹은 더 적합한 공부 환경으로 전학을 시키기 위한 조치를 취해주는 것이 중요합니다. 이런 종류의 개입 방법들이 효과가 없다면 정신과적 평가가 필요합니다.

Q 96 많은 십대 청소년들이 마약이나 술을 시험 삼아 해봅니다. 청소년인 우리 ADHD 아이는 이러한 문제 행동에 대한 위험성이 더 큰가요?

많은 ADHD 아이들이 충동적이고 주목 끄는 걸 필요로 하기 때문에 이들은 확실히 위험한 행동에 관여하는 경향이 훨씬 높습니다. 때때로 사회 주변부에서는 마약을 사용하는 것이 무리의 한 축에 끼는 것처럼 생각 될 수 있는 방식이기도 하지요. 종종 활동이 주는 즉각적인 보상이 앞서기 때문에 아이들은 자신의 행동에 따른 결과에 대해 차분히 생각하지 못합니다. 또한 일부 전문가들은 ADHD 아이들이 특히 마리화나 같은 마약들을 남용할 가능성이 높다고 보기도 합니다.

이 부분은 부모가 십대 자녀들과 대화를 지속해나가기 위해 노력할 필요가 있는 영역입니다. 또래의 압력에 대해 이야기를 나누는 것이 매우 중요합니다. 십대 아이들은 친구들에게 거절하는 법을 연습해 보는 것이 도움이 될 수 있습니다. 그러나 만약 아이가 규칙적으로 마약을 사용하고 있다고 생각되면 여러분은 전문가에게 상의를 해야만 하고 집에서 이용할 수 있는 마약 탐지 방법을 시행해야만 합니다. 이는 여러분이 간헐적으로 갑작스레 아이에게 소변 검사를 해야 된다는 것을 뜻합니다. 이런 접근법은 여러분과 아이 사이에 갈등을 촉발시킬 수 있고, 이러한 점들로 인해 전문가의 도움이 필요하다는 것입니다.

Q97 *ADHD 청소년들은 자동차 사고가 더 많이 일어난다고 알고 있는데 ADHD 청소년인 우리 아이가 운전하게 놔둬야만 하나요?*

ADHD인 십대 청소년들이 ADHD가 아닌 아이들에 비해 교통위반 비율과 사고비율 둘 다 더 높다는 것은 사실입니다. 연구에 따르면 이런 해로운 운전 습관은 아마도 ADHD 십대들의 성향 근원에 불충분한 "자기 통제력"이 자리잡고 있기 때문으로 생각됩니다. 다른 영역에서도 마찬가지로 운전할 때 ADHD인 십대들은 생각하기 전에 행동부터 하는 경향이 있습니다. 이러한 충동성은 확실히 자동차 충돌사고와 교통위반의 위험성을 증가시킵니다. 그러나 ADHD 청소년들은 운전을 하고 싶어할 것입니다. 중요한 문제는 십대 자녀가 안전한 운전 습관을 갖도록 부모가 어떻게 도울 수 있나 하는 것입니다. 다시 말해 부모들은 자신의 ADHD 자녀가 교통사고를 낼 가능성을 어떻게 줄일 수 있을까요?

몇 가지 방법들이 안전 운전을 하도록 도울 수 있습니다.

- **교육** : 가능하면 여러분의 십대 자녀가 전문적인 교육을 받도록 하십시오. 다양한 운전자 교육 프로그램들이 학교들과 연계가 되어 있고 개인적인 운전 강사들도 이용 가능합니다. 주된 강사 역할을 부모가 하지 않

는 것이 도움이 됩니다. 우선 객관적인 운전 프로그램들은 고도로 조직화되고 구조화된 방식으로 모든 기초적인 것들을 아이가 습득하도록 요구합니다. 둘째, 새로운 운전 상황에서 발생할 수 있는 부모와 아이 사이의 수 많은 격한 다툼들을 피할 수 있습니다. 셋째, 객관적인 사람이 아이의 운전 기술을 평가하고 비평하게 됩니다. 그러나 여러분이 제 일의 혹은 제 이의 운전 강사가 된다면 인내심이 필수적이라는 걸 명심하세요. 규칙적이고 잘 계획된 운전 교습 시간표를 작성하십시오. 숙제와 마찬가지로 여러분의 십대 자녀가 관리 감독을 받은 많은 운전 시간을 누적할 수 있도록 "짧게 그리고 자주" 생각을 하십시오.

- **교통 규칙** : 자녀에게 교통 규칙에 대해 분명히 이해시키세요. 엄하게 "음주 운전은 절대 안된다"는 규칙을 강조하십시오. 아이가 운전에 매우 능숙해질 때까지는 밤 늦게 운전하는 것은 금지시켜야 합니다. 여러분의 십대 자녀가 운전하는 차에 몇 명의 다른 아이들을 태우도록 허락할 것인지도 고려해 봐야 합니다. 다른 또래 친구들이 차에 있다는 것은 여러분의 자녀가 주의 산만해질 가능성이 더 높다는 것을 명심하십시오.

- **영향** : 해로운 운전 습관과 교통 규칙 위반에 따른 즉각적인 영향들이 중요합니다. 부모들은 차 뒤에서 ADHD 청소년들에게 그들은 자기 자신 뿐 아니라 보행자들, 다른 운전자들, 행인들에 대한 책임도 가지고 있다는 것을 상기시켜야만 합니다. 책임 있는 운전을 위해 부모들이 자신들의 규칙들을 확고하고 분명하게 지켜 나간다면 여러분의 십대 자녀들은 안전 운전의 중요성을 더 잘 이해할 것입니다.

- **약물** : 청소년들은 그들이 약을 복용할 때 더 안전하게 운전하는 것으

로 나타났습니다. 확실히 약물은 청소년들이 처음 운전하는 것을 배울 때 매우 유용할 수 있습니다. 운전 시에는 세부적인 것들까지도 모두 신경 써야 하며 동시에 이로 인해 쉽게 산만해질 수도 있기 때문에 심리적으로 완전히 압도될 수 있습니다. 십대들이 더 오랜 기간 동안 그리고 늦은 시간에 운전하게 됨에 따라 약물 문제는 더 복잡하게 됩니다. 여러분과 여러분의 자녀는 약물 치료 계획에 대한 세부 사항을 결정할 때 안전 운전을 유념해야만 합니다.

물론 모든 부모들이 십대들의 안전 운전과 관련된 문제들로 고심하지만 이 문제는 ADHD 청소년들을 둔 부모들에게 있어 훨씬 더 다루기 힘들 수 있습니다. 부모들은 안전에 대한 위험성이 커진 상황에 직면하게 될 뿐 아니라 때때로 규칙들을 받아들이는 걸 힘들어 하는 고집스런 아이 또한 앞에 있기 때문입니다.

98 우리 아이의 ADHD 증상들은 일생 동안 지속되나요?

증상들이 성인기까지 지속된 ADHD인 사람들에게 중요한 것은 그들의 ADHD가 자신의 사회적, 직업적 상호 작용에 지속적으로 영향을 주고 있다는 것을 깨닫는 것입니다. 이들이 청년기 때는 학업에 더 집중할 수 있더라도 부주의, 충동성, 짜증, 무질서함과 관련된 문제들은 지속될 수 있습니다. 이것이 바로 심리 치료적 개입과 약물 모두가 ADHD 아이들에게 중요한 이유이기도 합니다. 자신의 장애에 대한 인식과 자신의 한계에 대한 진정한 이해로 무장한 젊은 성인들은 오늘날 사회에서 성공할 가능성이 더 높습니다.

> 자신의 장애에 대한 인식과 자신의 한계에 대한 진정한 이해로 무장한 젊은 성인들은 오늘날 사회에서 성공할 가능성이 더 높습니다.

Q99 생물학적 지표가 개발될 가능성은 얼마나 되나요?

ADHD를 객관적으로 진단내리기 위한 검사 개발은 분명히 임박해 오고 있습니다. ADHD와 관련 있는 유전자들을 발견하는 것은 좀더 정확한 진단을 가능케 해줄 것입니다. 신경 전달 물질의 기능에 대한 자료를 제공해주는, 예를 들어 도파민 농도를 측량하고 측정하는 뇌 영상 연구들은 결국 ADHD에 대한 객관적인 증거를 제공해줄 것입니다. 특정 행동 동안-특히 ADHD를 가진 아이들에게 문제시 되는 행동들-뇌의 어느 부분이 활동하는지를 보여주는 뇌 영상 연구들은 ADHD를 진단하는데 있어 궁극적으로 유용한 방법이 될 것입니다. 특정 선조체 구조 혹은 소뇌의 정상적 크기 범위를 측정하는 것 또한 확실히 ADHD 진단을 내리는 하나의 방법이 될 것이라 생각됩니다.

Q100 어디서 ADHD에 대한 정보들을 더 얻을 수 있을까요?

뒤이어 있는 부록은 ADHD 자녀를 둔 부모들, ADHD가 있는 성인들 그리고 이 주제에 관심이 있는 사람들에게 상당한 정보를 제공해줍니다. 여기에는 관련 책, 정부 간행물, 여러 기관들의 연락처 그리고 인터넷 사이트 등이 포함되어 있습니다. 인터넷을 이용하는 경우에는 여러분이 거기서 찾은 모든 정보들이 정확하고 과학적이며, 최신의 것은 아님을 명심해야 합니다. 여러분은 인터넷에서 얻는 정보들을 이용하는데 있어서 예리해질 필요가 있습니다. 의심이 든다면 직접적으로 전문적인 정보를 찾아보도록 하십시오.

용어집

강박장애(Obsessive compulsive disorder) : 강박적 사고나 강박적 행동을 보이는 장애.

공존(Comorbidity) : 한 개인 내에 두 개 혹은 그 이상의 장애가 존재하는 것.

과잉 운동(Hyperkinetic) : 과잉 행동(hyperactivity)의 영국식 용어

교차 연구(Cross-over study) : 피험자가 연구 기간 일부 동안은 특정 치료를 받게 하고 다른 기간 동안은 또 다른 치료를 받게 하는 연구 방법. 대개 하나는 실제 시험하고 있는 약물을 복용하고 다른 경우에는 위약을 복용함.

금단(Withdrawal) : 갑자기 의존된 약물을 중단 했을 때 보이는 심리적 신체적 반응.

기능성 자기공명 영상법(Functional Magnetic Resonance Imaging; fMRI) : 어떤 활동이 수행되는 동안 촬영된 MRI로 뇌의 어느 부분에서 그 활동이 일어나는지를 보여주는 방식으로 구성되어 있음. 예를 들어 집행 기능 관련 과제를 하는 동안 시행된 fMRI에서는 전두엽에서 가장 활발한 활동이 나타남.

기저핵(Basal gangli) : 기저핵은 대뇌 깊숙이 위치해 있고 서로 연결된 여러 핵들로 이루어진 부분으로 미상핵, 피각, 담창구, 시상이 포함되어

있음. 각각의 핵들은(더불어 다른 대뇌 구조들과 이들의 연결 구조들은) ADHD, 틱, 파킨슨 병, 무도병과 같은 장애들과 일정부분 연관되어 있는 것으로 알려져 있음.

난독증(Dylexia) : 대뇌의 그림 기호 처리에 있어서의 결함으로 인한 읽기 장애의 한 종류.

뇌량(Corpus callosum) : 좌, 우 반구 사이에 위치하여 양반구 사이의 정보를 전달해주는 역할을 담당하는 대뇌 구조. 최근에 ADHD에서 뇌량의 영향이 제기되었는데 왜냐하면 ADHD 아이가 정상 아이들에 비해 약 5% 정도 뇌량 크기가 작은 것으로 나타남.

뇌파검사(Electroencephalogram EEG) : 뇌의 전기적 활동을 측정하는 검사.

뉴런(Neurons) : 다른 뇌 세포로부터 정보를 주고 받을 수 있는 대뇌 세포

도파민 운반체(Dopamine transporter DAT) : 시냅스 사이에서의 도파민 양의 수준을 낮추기 위해 시냅스 전 뉴런으로 도파민을 재 운반하는 효소.

두정엽(Parietal lobe) : 감각 기능을 담당 하고 또한 시각이나 청각과 같은 여러 개의 대뇌 기능을 동시에 연합하는 역할을 하는 대뇌의 중간 부위.

뚜렛장애(Tourette s syndrome) : 다양한 운동 틱과 음성 틱을 보이는 장애. 뚜렛장애로 진단되기 위해서는 틱이 적어도 1년 동안 지속되어야 함.

물질 남용(substance abuse) : 문화적 통념에 맞지 않게 해로운 영향이 있는 약물을 자가 투약 하는 것.

미상핵(Caudate) : ADHD와 가장 관련이 높은 것으로 보여지는 기저핵 내에 위치한 핵들 중의 하나. 도파민이 풍부하며 ADHD 아이에게서는 약 5% 가량 크기가 작음.

바이오 피드백(Biofeedback) : 일반적으로는 잘 지각하지 못하는 개인의 생리적 반응들에 대한 피드백을 제공하기 위해 모니터를 하는 치료방법. 이 과정을 통해 불수의적인 신체 반응들을 통제하기 위해 자신의 사고와 다른 정신적 활동들을 조절하는 법을 배울 수 있음.

반감기(Half-life) : 약물의 작용 기간에 대한 측정값의 하나로 약물의 용량이 반으로 줄어드는데 얼마나 시간이 걸리는지를 뜻함. 반감기가 긴 약물은 가끔씩 복용할 수 있는 반면 반감기가 짧은 약물은 자주 먹어야 할 필요가 있음.

반동효과(Rebound) : 약효가 사라짐에 따라 나타나는 침울함, 피로, 과잉행동.

반항 장애(Oppositional defiant disorder) : 사회적, 학업적, 직업적 기능에 있어 심각한 장해를 일으키는 부정적이고, 적대적이고 반항적인 행동들을 보이는 장애.

상표가 없는 의약품(Generic medication) : 상표가 있는 의약품과 동일한 성분을 포함하고 있지만 성분의 함량이 정밀하게 철저히 검사되지는 않음. 알약 하나마다 근소한 차이가 있음. 상표가 없는 의약품은 또한 다른 색깔과 방부제를 사용하여 포장됨. 많은 경우 상표가 없는 의약품은 상표가 있는 의약품만큼 효과가 있고 훨씬 저렴한 편임. 그러나 일부 사람들은 그 차이를 인지하며 매일 동일한 분량의 약을 복용하기 위해 상표가 있는 의약품을 원함.

선조체(Striatum) : 대뇌 깊숙이 연결된 여러 구조/핵들로 이루어진 기저핵의 일부분으로 주로 미상핵과 피각(putamen)을 일컬음.

선택적 세로토닌 재흡수 억제제(Selective serotonin reuptake inhibitors SSRI) : 세로토닌 운반체를 억제시킴으로 작용하는 약물. 이에 따라 원래 뉴런 사이를 오가는 세로토닌이 효소에 의해 흩어지거나 파괴될 때까지 장시간 동안 시냅스에 남아 있게 됨.

소뇌(Cerebellum) : 후뇌에 포함된 대뇌 구조 중 하나로 평형 감각과 협응 기능을 담당. ADHD를 포함한 인지 및 행동 장애에서 소뇌의 역할들이 최근에 밝혀지기 시작함.

수용기(receptor site) : 신경전달물질을 묶어두거나 또는 약물이 작용하는 뉴런의 부위. 일부 약물들은 수용기의 수나 민감성을 증가 혹은 감소시킬 수 있음.

시냅스(Synapse) : 두 뉴런(뇌 세포) 사이의 특수한 부위로 한 세포에서 다른 세포로 신경 전달 물질이 퍼져가는 곳.

시냅스 전 뉴런(Presynaptic neuron) : 신경전달 물질을 방출함으로 정보를 전달.

시냅스 후 뉴런(Postsynaptic neuron) : 신경전달물질을 통해 전달된 정보를 받음.

신경심리학적 평가(Neuropsychological assessment) : 대뇌 기능의 행동적 표현에 대해 평가하는데 이용되는 일련의 검사들.

신경전달물질(neurotransmitters) : 대뇌의 신경 세포에서 또 다른 세포로 정보를 전달함으로 뉴런이 또 다른 뉴런과 신호를 주고 받게 해주는 화학 물질. 도파민(dopamine), 노르에피네프린(norepinephrine), 세로토닌(serotonin)이 ADHD와 관련 있는 신경전달 물질임.

신경학적(Neurological) : 뇌에 의해 통제되는 기능들을 의미.

신진대사(Metabolize) : 우리 신체가 약물에 대한 반응으로 일어나는 작용. 일부 사람들은 상대적으로 신진대사가 빠르고 반면 몇몇 사람들은 상대적으로 느림. 이는 동일한 효과를 얻기 위해서 사람들은 각기 다른 복용량이 필요하다는 것을 의미함.

실행기능(Executive functioning) : 전두엽이 담당하는 기능으로 창의적이고 추상적인 고차원적 사고를 하기 위해 주의력, 언어, 지각과 같은 기본적이며 주요한 인지적 능력을 종합하는 능력을 지칭함.

심리사회적(Psychosocial) : 사회적 상황과 정신 건강 상호간의 영향.

양극성 장애 (Bipolar Disorder) : 우울 증상과 조증 증상이 번갈아 나타나는 기분 장애.

운동 통제(Motor control) : 글씨 쓸 때 필요한 미세운동 통제를 의미할 수도 있고 또는 걷기나 달리기 같은 운동 활동에 필요한 협응 능력인 대근육 운동 통제를 말할 수도 있음. 또한 운동 통제는 ADHD 아이들이 자신의 안절부절 못함을 통제할 수 있는 정도를 의미할 수도 있음.

위약(Placebo) : 피험자들이 단지 약을 먹는 행동 자체에 반응하는 것인지 아니면 시험하고 있는 약물에 반응하는 것인지를 확인하기 위해 임상 시험에서 사용 되는 '설탕 약'

유전율(Heritability rate) : ADHD 원인 중 환경적 요소들에 대비해 유전적 요인이 차지하는 비율을 반영. 유전율이 .6이라는 것은 한 개인의 ADHD 원인 중 60%가 유전적이라는 것을 의미함.

유전자 요법(Gene therapy) : ADHD 와 같은 장애의 유전자적 이상을 고치는 치료법.

유전자 풀(gene pool) : 각 장애에 대한 유전자들로서 특정 인구 집단에서 보다 흔하거나 덜함.

유전적 성향(Genetic proclivity) : 유전자에 의해 한 세대에서 다른 세대로 전해져 특정 장애가 유전될 가능성.

음성 틱(Vocal tics) : 헛기침, 코를 킁킁거리는 것 또는 한 마디 말로 된 불수의적인 소리.

의존(Dependence) : 반복해서 남용한 약물에 대해 신체적 갈망을 보이며 약물 복용을 중단했을 때 금단 증상이 나타나는 것.

이중은폐(Double blind) : 피험자뿐 아니라 연구자도 피험자가 약물을 복용하는 것인지 위약을 복용하는 것인지 알지 못하게 하는 연구법.

인지적(Cognitive) : 인지와 관련된 앎의 과정들. 더 정확히 말해 인식하며 알아가고, 생각하며 배워가고 그리고 판단하는 과정.

임상 실험(Clinical trial) : 약물의 효능성을 평가하기 위한 목적으로 대규모의 집단을 대상으로 약물, 또는 약물을 사용한 치료법에 대해 신중히 관찰하는 연구법.

자기공명 영상법(Magnetic resonance imaging; MRI) : 강한 자기장을 이용하여 뇌 구조에 대한 3차원 영상을 만들어내는 기법.

전두엽(Frontal lobe) : 계획, 조직화, 시행, 지속, 충동적 행동의 억제를 담당하고 있는 대뇌의 앞쪽 부위.

전두엽-선조체 회로(Frontostriatal Circuitry) : 전두엽과 기저핵 사이의 연결 경로로 대뇌 깊숙이 위치해 있음.

준임상적(Subclinical) : 종종 거의 눈에 띄지 않을 정도의 매우 경미한 증상을 보이는 장애의 상태. 유전병에서 그 장애의 유전형에 기반해서 볼 때는 분명히 장애의 영향을 받았다고 생각되지만 겉으로는 뚜렷하게 문제가 있는 것이 드러나지 않는 가족 구성원들의 경우, 준 임상적 증상들을 가지고 있다고 지칭됨.

중독(Addiction) : 약물 남용의 한 형태로 약물 사용에 사로잡혀 약물을 얻으려고 과도하게 몰두해 있고 약물 사용을 중단했을 때 다시금 재발할 가능성이 높은 상태로 특징지어짐.

측두엽(Temporal lobe) : 기억과 언어 이해를 담당하는 대뇌의 아래쪽 부위.

틱(Tics) : 불수의적인 근육 움직임이나 움찔거림.

품행장애(Consuct disorder) : 사회적 규칙들에 대해 심한 위반을 보이는 장애.

항 우울제(Antidepressants) : 우울증을 치료하기 위해 사용되는 약물들, 예를 들어 프로작(Prozac), 웰부트린(Wellbutrin), 이펙사(Effexor) 같은 세로토닌 재흡수 억제제(SSRI)들이나 데시프라민 (Desipramine)

같은 삼환계 항우울제들(TCAs).

효능제(Agonist) : 본래의 신경전달물질과 동일한 작용을 하는 약물

효소(Enzyme) : 살아 있는 유기체의 화학적 반응 속도를 높이거나 낮추게 하는 단백질.

후두엽(Occipital lobe) : 시각 기능을 담당하는 대뇌의 뒤쪽 부위.

MTA 연구(MTA Study) : 미국 국립 보건원이 지원한 ADHD 아이들에 대한 다중 치료 연구. 7~9세 사이의 ADHD 복합형의 어린이 600여명이 4개의 집단으로 분류됨. 1년 넘는 동안 첫 번째 집단은 연구자들에 의해 모니터링을 받으며 약물 치료를 받음. 두 번째 집단은 집중적인 행동 치료를, 세 번째 집단은 연구자들이 모니터링 하는 약물치료와 더불어 행동 치료를 받음. 끝으로 마지막 집단은 자신들이 속한 지역사회에서 이루어지는 치료를 임의적으로 받았는데 여기에는 약물치료가 포함되어 있거나 포함되지 않기도 했음. 이 아이들은 지금까지 추적 연구가 이루어지고 있고 일부는 3년 동안 각성제 치료를 지속하기도 하고 일부는 중단하기도 했으며 그 결과는 지속적으로 재평가되고 있음.

역 자 약 력

조 아 라

- 연세대학교 심리학과 및 동 대학원 졸업
- 인제대학교 의과대학 상계백병원 임상심리 레지던트 수료
- 인제대학교 의과대학 상계백병원 정신과 교수

강 일 선

- 연세대학교 심리학과 및 동 대학원 졸업
- 인제대학교 의과대학 상계백병원 임상심리 레지던트 수료
- 서울 을지병원 정신과 임상심리전문가

100문 100답
자녀의 주의력결핍 과잉행동장애(ADHD)

초판 인쇄일 • 2010년 7월 10일
초판 발행일 • 2010년 7월 20일

저 자 • Ruth D. Nass, MD & Fern Leventhal, PhD
역 자 • 조아라 · 강일선
발행인 • 오 무 근
편 집 • 이레아트
마케팅 • 임 진 만

도서출판 하나의학사
주 소 • 서울시 종로구 홍파동 13-4 한솔빌딩 1층
등록번호 • 제 2-541호(1988. 4. 1)
전 화 • (02)730-2555, 2556
팩 스 • (02)730-2557
E-mail • hanampc@yahoo.co.kr

정가 12,000원

ISBN 978-89-92141-54-3-93510